AF138875

# Lachen, Klatschen, Geld verdienen

*Das fairste Geschäft der Welt ?!*

*MLM und Network Marketing
als Wirtschaftsrevolution und Verdienstquelle!*

Chiara Ponti

Chiara Ponti:
Lachen, Klatschen, Geld verdienen. Das fairste Geschäft der Welt ?!
MLM und Network Marketing als Wirtschaftsrevolution und Verdienstquelle!

Bibliografische Information der Deutschen Nationalbibliothek:
Die Deutsche Nationalbibliothek verzeichnet diese Publikation in der
Deutschen Nationalbibliografie; detaillierte bibliografische Daten sind im
Internet über www.dnb.de abrufbar.

ISBN 978-3-73577-964-9
© 2014 Chiara Ponti

Gesamtlayout: Alois Gmeiner
Grafik & Layout Buchcover: André Unger
Fotos: Chiara Ponti

**www.ideenmanufaktur.info**
Herstellung und Verlag: BoD – Books on Demand, Norderstedt

Denkst du heute auch an morgen?
Network Marketing!
Kennenlernen einer neuen Branche.


Leben befruchten,
neue Erkenntnisse,
ohne Träume ist das Leben langweilig.


„Im Grunde sind es immer die Verbindungen mit
Menschen, die dem Leben seinen Wert geben."
*Wilhelm von Humboldt*

# Inhalt

# Vorwort

Vielleicht fragen Sie sich, liebe Leserin und lieber Leser, was mich bewogen hat, ein Buch über Network Marketing aus der Sicht einer Networkerin zu schreiben.

Der Buchmarkt ist überschwemmt mit Büchern, die Trainer und Coaches mit Strategien und Ratschlägen zum Thema: „Wie werde ich reich", was immer das auch ist, auf den Büchermarkt gebracht haben.

Was hat mich auf die Idee gebracht, dieses kleine Buch (hoffentlich unterhaltsam) für SIE zu schreiben?

Als ich vor ein paar Jahren anfing mich mit dem Thema MLM (Multi-Level-Marketing) zu beschäftigen, war mir nicht bewusst, dass ich mich mit dem Markt der Zukunft auseinandersetze, kannte nicht die Anforderungen und Chancen, aber ich war neugierig, lernbereit und offen für Neues und sah für mich eine Lösung, erkannte einen Fingerzeig auf eine gute Chance.

Ich habe immer wieder den Fahrstuhl nach oben und nach unten genommen, viele Erfahrungen gesammelt, oft gezweifelt und doch nicht aufgegeben – fasziniert davon, was diese Branche an Chancen für jeden bietet. Egal woher man kommt – es ist wichtig, wohin man will! Wenn wir die Bereitschaft zum Lernen, das Verlangen und die Begeisterung für neue Wege in uns tragen, ist Vieles möglich.

Heute begegnen mir oft Menschen, die auf der Suche nach einer neuen beruflichen Herausforderung sind, aber mit Vorbehalten und Fehlinformationen auf eine boomende Branche blicken. Diese bietet eine Chance für viele, aber nicht für jeden! Die Aufgabe ist einfach, aber nicht leicht, denn sonst würde es jeder tun.

Andere Nationen und Länder haben Menschen hervorgebracht, die offen, lernbereit, begeistert und flexibel sind und sich wagen ins TUN zu kommen. Diese Menschen suchen und wollen eine Chance für ihr Leben finden. Schauen wir nach Asien, Nordeuropa oder in die Türkei und in das Ursprungsland von Network Marketing die USA, wo fahrende Händler einst den Grundstein legten. In Deutschland ist man eher „arm-an-Mut" Neues anzunehmen und Eigenverantwortung zu übernehmen.

Ich schreibe dieses Buch unter meinem Pseudonym, damit keine Werbeschrift für ein bestimmtes Unternehmen.

Ich wünsche Ihnen Freude beim Lesen, gute Erkenntnisse, Begeisterung für eine neue Chance, das Ablegen von erlernter Hilflosigkeit und chronischem Jammern und das Denken in Problemen ab-zu-lösen durch: Lösungen zu finden!

# Geschichten, die das Leben schreibt

## Krise – was jetzt?

Es kam zum Crash. Wir alle kennen den Begriff, wenn es an der Börse rasant abwärts geht, die Kurse von jetzt auf nachher sich im freien Fall befinden. So geschah es auch bei mir in meinem persönlichen Leben.

Nach einer Zeit in Wohlstand befand ich mich plötzlich im freien Fall. Ich, gerade fünfzig geworden, stand an der Schwelle zum Abstürzen. Nach jahrzehntelanger Selbständigkeit in Textilhandel und Industrie, aufgehoben an der Seite eines Unternehmers, befand ich mich in der Krise. Im Zeichen des Kämpfers geboren, sah ich, dass jede Krise auch eine Chance, wenn auch manchmal nur eine kleine Chance, beinhaltet.

Also machte ich mich, nachdem die Zeit des Selbstmitleids vergangen war, daran, Bewerbungen zu schreiben. Kein leichtes Unterfangen für mich, denn ich war mit vielen Fähigkeiten versehen, habe mich immer „gemeldet", wenn es Arbeit gab, und mich als Mädchen „für alles" einsetzen lassen.

Ich war die fast perfekte Mutter und Hausfrau, Gärtnerin und Handwerkerin, Einkäuferin und Verkäuferin für unser Textilgeschäft, Beraterin in Kollektionsfragen und bei Besprechungen in der Fabrik, Messeberaterin, wohnte Shootings für Werbekampagnen in aller Welt bei, war mindestens zwei Sterne Köchin für Geschäftsessen, eine hervorragende Gastgeberin, Dekorateurin, Anzeigenexperte. Verhandeln bei Banken hatte ich gelernt, mit Versicherungen kannte ich mich aus. War für die Personalbetreuung zuständig, der Fuhrpark wurde von mir betreut und nebenbei kam ich meinen Ambitionen als Mutter und Ehefrau nach, pflegte den Garten, griff nicht auf Fertiggerichte zurück und brachte auch die Katzen zum Tierarzt.

Wie aber sollte ich mich für eine neue Arbeit positionieren?

Eine Frau über fünfzig, ganz passabel, aber in ihrem Selbstwert beschädigt, ausgestattet mit einer Chefallergie. Zugegeben, ich habe keine hundertsechzig Bewerbungen geschrieben, aber es sind doch einige gewesen. Und ein Headhunter war zusätzlich von mir kontaktiert worden.

Nach mehreren Absagen bekam ich von einem bekannten Modelabel aus dem Umfeld der Münchner Modeszene die Absage: „SIE sind zu alt für unser junges Team."

Es traf mich wie ein Hammer. Ging es um Alter oder um Qualifikation? Noch heute klingt es in meinen Ohren. Diese Ladenkette hat mich als Kunde fortan nie mehr gesehen. In einer Fachzeitschrift sah ich ein Bild des „jungen Teams" und dachte nur: ,Na ja, alles graue Mäuse.'

Ich beschloss dem Stress zu entgehen und das angefangene Jahr auf dem Golfplatz zu verbringen, in der Hoffnung, auch dort über Kontakte neue Wege zu finden. Nicht ganz einfach für mein Ego mich zu outen, denn wir waren seit Jahren etablierte Mitglieder und jetzt war ich auf der Suche nach einem Job. Ich fühlte mich der Häme ausgesetzt.

Längst hatte sich meine Situation herumgesprochen. Ein Club hat Eigenschaften wie eine kleine Dorfgemeinde: Neuigkeiten, Liebschaften und Gerüchte verbreiten sich sofort.

## Sag niemals nie

Eines Tages sprach mich ein Unternehmensberater, attraktiv und mit glücklicher Ausstrahlung versehen, auf dem Golfplatz an, ob ich Lust hätte zu einem Infoabend nach Darmstadt zu kommen. „Beauty-Wellness", fügte er als Bemerkung hinzu. Ich dachte an Kosmetikerin und lehnte sofort ab.

Gerne ließ ich mich behandeln, aber ich würde doch nicht … selbst Hand anlegen, nein, das war nicht mein Ding. Unser Kontakt beschränkte sich also weiter aufs Golfen.

In Bezug auf Jobsuche ereignete sich nicht viel. Nach ein paar Wochen bekam ich von einem anderen Unternehmensberater aus dem Bereich Chemie erneut eine Einladung zu einem ALOE VERA Infoabend, wiederum in Darmstadt. Ich sah schon rot, Aloe Vera … Darmstadt … die beiden Herren waren befreundet, wie ich erfuhr. Ich lehnte mit dem klaren Hinweis ab, dass ich niemals mit Aloe Vera arbeiten würde. Aber, man sollte bekanntlich nie NIE sagen.

Zu diesem Zeitpunkt hatte ich in meinem Leben mit Network Marketing, MLM, keinen Kontakt gehabt, wusste nicht, was es wirklich bedeutet. Nie war jemand zuvor an mich herangetreten, um mir ein Produkt zu verkaufen oder gar eine Geschäftsmöglichkeit anzubieten. Vermutlich hätte ich auch kein Ohr dafür gehabt. Network war für mich ein

Begriff aus der EDV, und Aloe Vera hielt ich für ein zweitrangiges Produkt. Es war mir damals noch nicht bewusst: Chancen sind wie Sonnenaufgänge, wer zu lange wartet, verpasst sie! Die beste ungenutzte Chance ist wertlos.

Also golfte ich weiter einen schönen Sommer lang und ließ die Zeit verstreichen.

Mein Hirn war nicht wirklich offen und ich verharrte in starren Vorstellungen, wie ich das Leben sehen wollte. Denn eigentlich wollte ich alles so haben wie bisher, das tun, was ich gelernt hatte, was ich konnte und was zu meiner Gewohnheit geworden war, Dinge wie: diskutieren und entscheiden über Stoffe, Farben, Design, Knöpfe, Verkauf, meinen Garten pflegen, Leute bekochen ... Alles das gefiel mir, was mir flott von der Hand ging.

Jede Woche studierte ich nun in FAZ und TM die Anzeigen und fand mich unter- oder überqualifiziert, oder die Ausschreibungen waren nicht für meinen Berufszweig gedacht. Mich irgendwo einzuordnen fiel mir schwer.

Für einen Quereinsteiger in andere Berufswege fühlte ich mich zu schwach, es bot sich ja auch nichts Passendes an.

In meiner Not wandte ich mich an einen Headhunter. Zu unseren besten Zeiten erhielten wir oft Telefonate von diesen Unternehmen, weil man die Vermittlung meines Exmannes in die Führungsposition eines anderen großen Unternehmens der Branche interessant und lukrativ gefunden hatte. Für mich gab es jetzt eine Position in Österreich – das wäre machbar, teilte man mir mit. Ein Vorstellungsgespräch gäbe es bei einem dazwischen geschalteten Unternehmensberater aus Süddeutschland, und wenn ich dort erfolgreich wäre, stände mir der Weg offen, meine Heimat zu verlassen und ein neues Arbeitsleben zu beginnen. Dieser Weg war nicht lange für mich offen, ich bekam eine Absage. Der Unternehmensberater hatte sich nach meinem Sternbild erkundigt, da er bei Bewerbungen auch die Sterne einbezog. Als Widder geboren war ich wohl zu anstrengend. Eine Begründung gab es bei der Absage nicht.

Doch an einem Wochenende entdeckte ich eine Ausschreibung in der FAZ, die hatte Niveau, die sprach mich an. Da standen Attribute wie: selbständiges Arbeiten, Entscheidungsfreiheit, internationales Geschäft, geringe Investition, finanzielle Unabhängigkeit, Trendmarkt Nr.1, Standort unabhängig, Karrierechancen!

Ich meldete mich über die Verbindungsdaten, bekam einen Vorstellungstermin innerhalb einer Woche, war voller Hoffnung und durchaus motiviert.

Als ich das Bürozentrum betrat und die Sekretärin mich bei meinem Gesprächspartner anmeldete, sah ich eine Glasvitrine mit ALOE Produkten. Reinste Aloe Vera stand dort, Millionen eigener Pflanzen, die einzige Pflanze mit der Regenbogenaura. Ich schwitzte sofort, denn das wollte ich ganz bestimmt nicht: mit Aloe Vera arbeiten! Wie konnte ich jetzt dem Büro wieder entkommen? Ich sah nicht wirklich eine Möglichkeit, weglaufen wäre aus einer Sicht sehr unhöflich und peinlich gewesen. Also harrte ich der Dinge, die auf mich zukamen.

Und das war ein gebräunter, sportlicher Mann jungen Alters, der mich zu einem Gespräch in eines der Büros einlud. Es folgte eine spannende Stunde, mit Visionen, Fakten, Informationen und … meinem Eintrag als Vertriebspartner des internationalen amerikanischen Unternehmens!

Überrascht über die Qualifikation meines Gegenübers und darüber, dass ein Mann vom internationalen Vertriebsaufbau im Wellness-Gesundheitsbereich sprach, machte mir Mut. Ich erkannte aus dem Gespräch etwas anderes als ein Hausfrauenbusiness, für das ich mich selbstverständlich als überqualifiziert sah.

Zufrieden, motiviert und mit neuen Ideen verließ ich diese Unterhaltung mit zwei Tragekisten (Touches) mit hochwertigen Aloe Vera Produkten. Eine Kiste für meinen eigenen Gebrauch und zum Kennenlernen. Einen Touch (Starter Set) zum Arbeiten, zum Verkauf oder als Muster, denn ich wollte ja ein Geschäft starten, nach dem Motto: „Auf zu neuen Ufern!" Hatte er doch gesagt: „Sie wollen beruflich nach oben? Diese Branche macht es möglich!"

## Der Haken war …

Zuhause angekommen hatte ich ein Problem. Wen sollte ich anrufen oder kontaktieren? Einen warmen Markt, Freunde und Bekannte hatte ich kaum noch. Frühere Geschäftskontakte wollte ich mir nicht antun oder ich hatte sie aus meinem Gedächtnis und meinem Adressbuch gelöscht. Mein Ego rebellierte. Eine Namensliste erstellte ich nicht, denn die Menschen, die mir geblieben waren, mussten nicht „so was" machen. Sie waren und blieben gut situiert und leisteten sich Pflegeprodukte aus einem ange-sehenen Beautyunternehmen des Einzelhandels, das jedem bekannt ist.

Also ging ich weiterhin zum Golfen, bekam auch dort ein paar nette Kunden, jedoch keine Geschäftspartner. Das Geschäft entwickelte sich zäh und langsam im Vergütungsplan nach oben, denn da wollte ich ja hin.

Ich wurde zum fleißigen Seminarteilnehmer, verpasste kein Firmen-event, nahm Fahrt- und Übernachtungskosten in Kauf, alles das, um schnellstens mein Wissen zu erweitern und diese Branche zu kapieren. Aber auch, um den Haken an der Sache zu finden, bis ich merkte: Der Haken war ich! Die Paradigmen in meinem Kopf, Erfolgsverhinderungs-programme boykottierten jeden Erfolg. Ich sollte lernen, mich um zu programmieren.

Aus meiner Familie kamen Aussagen wie:

„Die da, die wollen doch nur dein Geld!"

„Bekommst du das bezahlt?"

„Kann man da denn Geld verdienen?"

„Nur die da oben verdienen wirklich."

„Ich hab gelesen, das könnte eine Sekte sein."

„Das geht sicher schief."

Sogar mein Exmann schickte eine Mail mit der Frage, ob ich es nötig hätte auf den Strich zu gehen und Klinken zu putzen.

Mein Sponsor hatte Erfahrungswerte und gab mir seinerzeit den Rat: „Zerreiße die negativen Nachrichten und spüle sie ins Klo. Mache den energetischen CUT, das hilft, schlage ein Ei drüber. Lass dich nicht runter-ziehen, orientiere dich an denen, die das erreicht haben, was du erreichen willst. Schaue nach oben, nicht dahin, wo die sind, die es nicht geschafft haben oder schaffen werden."

Wir hatten uns auf das respektvolle „DU" geeinigt, so wie es im Network Marketing üblich ist, von unten nach oben, von oben nach unten. Norddeutsch geprägt fiel es mir zu Anfang schwer, mich daran zu gewöhnen. Doch dieses respektvolle DU ist hilfreich, es schafft Vertrauen und Zugehörigkeit zu einer Gruppe von Menschen, die in dem gruppen-dynamischen Prozess ein gemeinsames Ziel haben: Mit Freude, Spaß und Einsatzbereitschaft wirtschaftliche Erfolge zu erreichen!

Ich ging also den schweren Weg und begann Kaltakquise übers Internet und mit Briefen, hin und wieder war ein Telefonat dabei. Je kürzer die Ansage, desto besser die Chance zum Erfolg, hatte ich gelernt. Ich schaltete Anzeigen, machte eine Anrufansage und, und, und ... ich wartete auf das, was sich daraufhin ereignen würde.

Ein paar neue Kontakte entstanden, auch Vertriebspartner wurden mit einer ID Nummer versehen. Gleichfalls hatten die Neuen die Aufgabe ihr Geschäft zu starten. Das geschah mit mehr oder weniger Erfolg, und es entstand ein Team mit großer Fluktuation. Man stieg ein und aus, denn das ist sehr einfach im Network Marketing. Außerdem gibt es kein Risiko, wer nicht mehr will, hört einfach wieder auf. Vertragliche Bindung ans Unternehmen ist ausgeschlossen, jeder ist sein eigener Unternehmer. Aufgrund der tollen qualitativen, hochwertigen Produkte blieben gesponserte Partner oft treue Kunden. Ja, ich lernte, man kann in ein Geschäft ohne Risiko einsteigen und wenn es nicht funktioniert, kann man problemlos wieder „adé" sagen, nichts ist passiert, kein Kredit, keine Schulden, keine Verpflichtung. Einfach und perfekt!

Ich ließ mich nicht unterkriegen und dachte immer lösungsorientiert. Loslassen war nicht meine Stärke, ich hielt fest und versuchte krampfhaft mein Bestes zu geben. Hatte ich doch ein internationales Spitzenunternehmen gefunden. Ein Unternehmen, bei dem die drei Säulen stimmten:

1. ein gutes Konzept mit super Produkten,
2. eine innovative Geschäftsleitung und
3. eine perfekte Logistik für ein internationales Geschäft.

Beste Voraussetzungen für eine gute Zusammenarbeit.

Meetings motivierten mich und ich war offen, alles zu erlernen, was mir fehlte. Beflügelt und positiv beeinflusst fuhr ich jedes Mal nach Hause, um dort festzustellen – alles war wie bisher.

Mein Geschäft entwickelte sich nicht so, wie ich es wünschte, zu langsam ohne Sog, dabei hörte sich alles so einfach an. Zweifel am Tun taten sich auf. War ich wirklich auf dem richtigen Weg, würden meine Hoffnungen sich in diesem Business erfüllen? Wusste ich doch aus der Vergangenheit: Karriere und Erfolg sind planbar.

Die Empfehlung lautete: Suche fünf Partner, suche fünf Kunden und los geht es. Tue dein Bestes! Es ist die Chance deines Lebens dabei zu sein. Wir geben dir und anderen die Chance von einem lukrativen Marketing zu profitieren.

Niemand hatte mir gesagt, dass gefundene Partner sich schnell wieder verabschieden können. Wollte ich mich doch in diese Menschen investieren, denn wenn ein/e Partner/in erfolgreich wird, bin ich es auch.

In diesem Geschäft ist viel Bewegung, man geht die Treppe hinauf und auch nach unten ist viel Platz, das bemerkte ich schnell. Meine Zweifel wurden größer.

Ich war nicht wirklich ein fröhlicher Kontaktmensch, eigentlich mehr der einsame Wolf, hasste Vereine, war die graue Eminenz im Hintergrund. Spaß haben, das hatte man mir in der Kindheit durch meine Erziehung ab erzogen. Arbeit muss hart sein, nur dann ist Arbeit gut! Paradigmen wie diese hatten sich in meinem Kopf verfestigt. Hatte ich denn in dieser Branche überhaupt eine Chance?

Trotz aller Bedenken wagte ich mich zu Firmenveranstaltungen mit vielen Menschen, bis zu ein paar tausend in einer Halle. Mit Beobachtermanie ließ ich es geschehen und dachte, ich bin in einem anderen Film. Es wurde gelacht und geklatscht und immer wieder sprang man von den Stühlen auf, wenn erfolgreiche Führungspersonen begrüßt oder mit Beifall bedacht wurden. Wo war ich hingeraten? In welchem normalen Unternehmen wird der Chef oder der Abteilungsleiter mit Beifall begrüßt? Es war mir auch nach längerem Zuschauen noch suspekt. Auf einem Event sagte ich zu einem Partner aus unserem Team, der es schon ein paar Stufen höher geschafft hatte, als ich geklettert war, und sich bereits im Führungsteam befand (für mich aus damaliger Sicht ein fast unerreichbarer Status): „Ich kann diese Menschen nicht mehr sehen, das Niveau gefällt mir nicht." Alle Anwesenden hatte ich bereits mit meinen Augen und meinen Vorbehalten gescannt.

Er schaute in die Menge und antwortete: „Wenn sie alle in meinem Team wären, ich würde sie ALLE lieben." Launig fügte er dann noch hinzu: „Der Mensch ist guat, nur die Leut' san a Gsindl." Lachend gingen wir auseinander.

Ich erkannte daraus: Ich muss meine Sicht auf die Dinge verändern. Die Botschaft war bei mir angekommen. Mein Erfolg war schwach, weil mein Gegenüber spürte, was ich dachte. Es hing davon ab, ob ich die Menschen gern hatte und wie ich ihnen begegnete. Mein Unterbewusstsein arbeitet immer mit, lernte ich daraus. Menschen werden nur meine Nähe suchen und meine Informationen annehmen, wenn sie sich in meiner Nähe wohlfühlen. Ich musste lernen meine Vorbehalte abzubauen, auf mein Herz zu hören und anderen Menschen offen zu begegnen. Ich begriff, ICH muss mich in Menschen investieren. Mein Helfersyndrom wurde mir dabei behilflich. Mit aller Energie versorgte ich Interessenten, die zu meinem

Team gehören wollten, oder von denen ich mir wünschte, dass sie dazu gehören sollten, mit Informationen, Produkten zum Testen, Einladungen zu Seminaren und Infoabenden.

Der Umsatz meines kleinen Teams wurde nicht besser dadurch. Die kontaktierten Personen sahen es als selbstverständlich oder vielleicht sogar als Überinformation an. Ich wollte hingegen nur einen guten Job machen, aber nicht aufdringlich sein. Sponsern heißt fördern. Das tat ich im Übermaß – nicht immer mit Erfolg. Ich vergaß zu fordern, das Maß zu finden zwischen Über- und Unterforderung, zwischen Input und Output.

Las ich doch auf einer Visitenkarte von 2beknown:

NICHT LABERN - MACHEN !

## Mit Know-how und Engelszungen über Stolpersteine

Der stetige Besuch von Schulungen und Seminaren brachte mir immer wieder neue Erkenntnisse. Als Perfektionistin wollte ich auch ganz sicher gehen, dass ich mich im richtigen Business befinde. Wenn ich in einem strukturierten System arbeiten und erfolgreich sein will, darf ich das Rad nicht neu erfinden, begriff ich schnell.

*Schulungswochenende mit Network Legende Larry Thompson*

Alles, was mir dort vermittelt und weitergegeben wird, dient dazu, das Konzept, das System und die Philosophie des Unternehmens zu inhalieren. Die Produkte, die angeboten werden, sind überdurchschnittlich gut – von fast jedem MLM Unternehmen, das versteht sich von selbst – denn ansonsten könnte das Konzept nicht funktionieren und die Firma würde so schnell wie gekommen wieder vom Markt verschwinden. Auch dafür gibt es natürlich Beispiele.

Ich hatte ein Unternehmen gefunden, das international aufgestellt und seit über dreißig Jahren weltweit erfolgreich ist. Welch eine Chance für mich, denn dieses Unternehmen hatte sich schon am Markt bewiesen.

Wenn du eine Entscheidung für ein Network Marketing-Konzept triffst, solltest du dich wohlfühlen und die Umsetzbarkeit sollte dir möglich erscheinen. Diese Sicherheit muss sich jeder Einzelne selbst holen! Es besteht eine Holschuld, keine Bringschuld. Ein Heer von freiwilligen Partnern, die ihr Wissen mit neuen Partnern teilen und sich einsetzen, gute Leute heran zu ziehen, steht bereit, ihre Abende und Wochenenden dafür einzusetzen, andere zu fördern, die ihren Traum Realität werden lassen wollen. Natürlich wirkt sich dieser Einsatz auch positiv auf den eigenen Umsatz dieser Personen aus. Jeder wird zugeben müssen, dass das mehr als in Ordnung ist.

*Katzen machen Katzen,*
*Hunde machen Hunde,*
*Macher machen Macher,*
*Visionäre machen erfolgreiche Partner!*

Mein Einsatz mich zu informieren und zu lernen war groß. Ich wollte diese boomende Branche kennenlernen, alles aufsaugen und viel Geld verdienen. Ich fing an zu missionieren, redete mit Engelszungen, gab alles, was ich gelernt hatte, weiter und überforderte manchmal mein Gegenüber. Erfolgreich wurde ich damit nicht. Dabei wollte ich doch effektiv mit Stil arbeiten. Meine Arbeit sollte Interesse wecken, Vertrauen erzeugen und einen Abschluss zum Ziel haben.

Wie sagte das Urgestein und Coach der Network Marketing Szene, Michael Strachowitz, einmal: *„Network Marketing ist keine Missionstätigkeit!"*

Aber es gab noch etwas Anderes, was mir das Leben schwer machte. Network greift ins Privatleben ein. Denn ich war aufgefordert Menschen zu informieren, mein Zuhause zu öffnen für fremde Leute, Homeparties zu organisieren, Fremde, die ich noch nicht kannte, zu Freunden werden zu lassen, verbindliche Beziehungen aufzubauen. Das Familienleben wird im Network Marketing tangiert. Partner und Kinder können mit einbezogen werden, es macht sogar viel Sinn am gleichen Strick zu ziehen und diese Aufgabe als Lebenselixier zu nutzen.

Mit Familie oder Partner hatte ich kein Problem, denn ich war ja allein, aber mein Haus zu öffnen für jeden, der an einer Information interessiert war, das wollte ich nicht. So verlagerte ich Geschäftspräsentationen immer in sterile, unpersönliche Räume von Schulen, Firmen, Gasthöfen. Dies brachte nicht wirklich den erhofften Erfolg. Von circa vierzig Einladungen bekam ich vierzehn Zusagen, erschienen sind dann fünf Personen. So geschehen ein paar Mal. Mein Sponsor, der mich unterstützte, ließ mich nie hängen! Ich war oft enttäuscht über die geringe Resonanz, erinnerte mich dann an einen Tipp meines ersten Chefs bei meiner Ausbildung zum Einzelhandelskaufmann vor vielen Jahren: „Lächeln ist das Geheimnis für Scharm und Erfolg!"

So lächelte ich meinen Frust weg.

Ich lernte viele Ausreden und Entschuldigungen für das Nichterscheinen mancher Personen kennen, wie zum Beispiel:

„Mein Kind hatte plötzlich Fieber."

„Ich musste überraschend für Oma einkaufen."

„Ich habe so viel Arbeit."

„Ich war beim Plätzchen backen."

„Mein Onkel hatte Geburtstag."

„Nach Fasching habe ich wieder Zeit."

„Mein Auto ist nicht angesprungen."

„Ich stand im Stau."

„Ich bin krank."

„Ich habe schon viel Arbeit und keine Zeit."

Und so weiter.

Ausreden sind Worte, die von „Verlierern" kommen, erkannte ich daraus.

*Gib Menschen Arbeit, die schon welche haben.* Dieser Spruch gewann für mich an Bedeutung, denn es sollte sich herausstellen, dass diese

Menschen belastbarer, einsatzbereiter sind und an ihren Zielen arbeiten. Leute, die schon ein Geschäft haben und ihre Kontakte nutzen wollen, setzen dafür ihre verbleibende Zeit und Energie ein.

Network Marketing ist ein berufliches Tätigkeitsfeld und bei der Entscheidung, hier aktiv und erfolgreich zu werden, ist es unabdingbar, eine positive Einstellung zu seinem Umfeld zu entwickeln. Es ist ein Geschäft: *Von Mensch zu Mensch,* von Herz zu Herz. Auch wenn sich bereits eine neue Generation im Network etabliert, wird sich daran wohl nichts ändern.

Von dem Glauben, dass es ein leichtes Geschäft ist, das ohne persönlichen Einsatz laufen und mich schnell reich machen wird, sollte ich mich tunlichst verabschieden.

Diese Branche bietet Lebensqualität, Freiheit, Verbesserung des Lebensstandards, Unabhängigkeit, Freude am TUN, die Chance auf eine gesicherte finanzielle Zukunft in Zeiten des Umbruchs, Selbständigkeit ohne Kapitaleinsatz, ohne Risiko. Sie ist auch ein Mittel gegen Langeweile und Einsamkeit, außerdem ist eine NET-Rente möglich. Und … es ist eine außergewöhnliche internationale Geschäftsmöglichkeit, Grenzen überschreitend, die rund um den Erdball Menschen helfen und fördern kann.

*cellRESET Opening Deutschland 2012*

Niemand ist zu jung oder zu alt. Dieses Geschäft ist unabhängig von Hautfarbe und Geschlecht oder gar einer Behinderung durch einen Rollstuhl.

Es bietet für Young Generation und 50plus, für Unternehmer eine weitere risikofreie Einkommensquelle, für Durchstarter mit Visionen als Hauptberufler eine grenzenlose Aufgabe und ein unerschöpfliches finanzielles Potenzial.

Wir leben in einer herausfordernden Zeit, viele Probleme sind ungelöst. Jeden Tag werden wir mit Nachrichten versorgt, wie Altersarmut, Jugendarbeitslosigkeit, verarmte Alleinerziehende, von durch Krankheit oder Burnout geschwächte Menschen, oder wir hören sogar von Menschen, die aus Not aus diesem Leben scheiden, weil sie aufgegeben haben zu kämpfen.

## Persönlicher Einsatz eröffnet Möglichkeiten

Durch die Entscheidung für diese außergewöhnliche, spannende Branche und ein faszinierendes Betätigungsfeld, lernte ich, Altes loszulassen, Neues nicht zu ignorieren, sondern anzunehmen, heraus zu finden: Was treibt mich an?

Ich sah plötzlich die Möglichkeiten für flexible Menschen, sich für andere zu investieren. Geldverdienen ist dabei nicht der einzige Grund, dem Leben mehr Leben geben eine gute Motivation. Ich sah Persönlichkeiten, die in der Lage waren sich zu duplizieren. Personen, die es geschafft haben, andere zu begeistern und zum Erfolg zu führen. Sah Menschen, die Träume, Visionen und Ziele haben.

Mein Selbstbewusstsein in dieser Branche bekam einen Kick, als eines Tages eine bekannte parlamentarische Staatssekretärin des Bundestages in meinem Esszimmer saß und wunderbare Produkte für sich bei mir bestellte.

Auf der anderen Seite begegneten mir immer wieder Menschen mit Vorbehalten, Paradigmen, Naserümpfen. Menschen, an denen es vorbei gegangen ist, dass die Home-Business Revolution bereits vor neunzig Jahren in den USA begonnen hat.

Du (respektvoll) kannst dich auch für Franchise anderer Art interessieren, für einen Einzelhandelsladen, ein Restaurant oder ein Handwerksunternehmen, wenn du bereit bist, viele Tausende in ein Geschäftskonzept einer Branche zu investieren, bei vollem Risiko versteht sich, oder du schaust dich alternativ in der Empfehlungsbranche um.

Meine Network Karriere ging bis zu dem Zeitpunkt, als sich mein Leben erneut zu verändern begann.

Immerhin hatte ich mit meinen Mühen, der Hilfe meines Sponsors und vielen Hilfestellungen, die mir in den Seminaren an die Hand gegeben wurden, ein paar Stufen erklimmen dürfen und hatte das Ziel des ersten Einkommensplanes erreicht. Verbunden war das mit der Erfahrung, dass ich Anerkennung bekam. Dies in Form von Interviews auf verschiedenen Bühnen, mir wurden seidene Schärpen mit Zertifikaten verliehen, ich bekam mehr als ein glitzerndes Steinchen eingelassen in einen PIN, der mir zur Wertschätzung meines Erfolges, Stufe für Stufe, an die Bluse geheftet wurde.

Auch Erfolg und Applaus musste ich lernen auszuhalten. Für viele Menschen bedeutet es aber, eine Anerkennung das erste Mal im Leben zu bekommen. Wertschätzung ist für jeden Menschen wichtig, Tränen vor Freude sind aus diesem Grunde nicht selten.

## Aussteigen – unmöglich

Eines Tages gab es wieder einen privaten Break und ich stieg aus meinem normalen Leben aus. Wie dieses Aussteigen aussah, beschreibe ich in meinem nächsten Buch.

*Die Zukunft hat viele Namen.*
*Für die Schwachen ist sie das Unerreichbare.*
*Für die Furchtsamen ist sie das Unbekannte.*
*Für die Tapferen ist sie die Chance.*
*(Victor Hugo)*

Doch wie sich herausstellte, ist Aussteigen in Deutschland fast un-möglich. Es folgte für mich eine harte, wenn auch schöne Freiheit mit vielen neuen Erkenntnissen. In dieser neuen Lebensphase hatte ich keine Möglichkeiten Post zu empfangen, noch weiterhin für mein damaliges Partnerunternehmen zu arbeiten, Ware auszuliefern oder meine Kunden zu betreuen. Ich verabschiedete mich von meinem Wirkungskreis – nicht ganz, aber als aktiver Vertriebspartner stand ich nicht mehr zur Verfügung.

Als Kunde blieb ich zu einem späteren Zeitpunkt erhalten. Wie ich bemerken durfte, blieben mir und dem Unternehmen viele meiner Kunden auch treu. Für diese Erfahrung bin ich sehr dankbar, zeigt sich doch, dass mein Einsatz nicht vergebens gewesen ist und die Produkte auch heute noch einzigartig und außergewöhnlich sind.

Ich bereiste fast ganz Deutschland über viele Monate lang, kenne die Straßenführungen, wie auf einen Schnittmusterbogen. Die Müttergeneration wird diesen Ausspruch noch kennen.

Mein Sponsor hielt den Kontakt zu mir auf Entfernung aufrecht: „Wo bist du, was machst du, was hast du vor?", fragte er mich während meiner Abwesenheit des Öfteren in Telefonaten.

Ich erinnerte mich an ein Seminar, wo ich folgenden Text von Albert Schweitzer (1875-1965), Arzt, Schriftsteller, Nobelpreisträger, kennen lernte, der mich tief beeindruckt hat:

***Ein freier Mensch!***
*Ich will unter keinen Umständen ein Allerweltsmensch sein.*
*Ich habe ein Recht darauf, aus dem Rahmen zu fallen –*
*wenn ich es kann.*
*Ich wünsche mir Chancen, nicht Sicherheiten.*
*Ich will kein ausgehaltener Bürger sein,*
*gedemütigt und abgestumpft, weil der Staat für mich sorgt.*
*Ich will dem Risiko begegnen, mich nach*
*etwas sehnen und es verwirklichen,*
*Schiffbruch erleiden und Erfolge haben.*
*Ich lehne es ab, mir den eigenen Antrieb mit einem Trinkgeld abkaufen zu lassen. Lieber will ich den Schwierigkeiten des Lebens entgegentreten, als ein gesichertes Dasein führen; lieber angespannte Erregung des eigenen Erfolgs,*
*statt die dumpfe Ruhe Utopiens.*
*Ich will weder meine Freiheit gegen Wohltaten hergeben,*
*noch meine Menschenwürde gegen milde Gaben.*
*Ich habe gelernt, selbst für mich zu denken und zu handeln,*
*der Welt gerade ins Gesicht zu sehen und zu bekennen,*
*dies ist mein Werk.*
*Das alles ist gemeint, wenn wir sagen:*
***Ich bin ein freier Mensch.***

Nachdem ich „meine Freiheit" zwei Jahre genossen hatte, kam ein schneereicher Winter und ich hatte mich gerade, ziemlich erschöpft durch die vergangenen Monate, auf ein neues Wohndomizil festgelegt, als mein Bekannter wieder einmal bei mir anrief und sich nach meinen Aktivitäten erkundigte. Er bemühte sich um ein Treffen mit mir im entfernten Frankfurt am Main und ich sagte trotz schlechter Wetterprognosen zu. In Frankfurt stieg ich in sein Auto um, weil er mir unbedingt etwas zeigen wollte. Er brachte mich, trotz Schnee und vereisten Straßen, zu einem Firmensitz eines deutschen Network Unternehmens in Speyer, das sich mit Nahrungsoptimierung innerhalb der vergangenen zwanzig Jahre einen Namen gemacht hatte. Dieses TOP100 Unternehmen war mir nicht wirklich bekannt, den Namen einer Produktserie hatte ich schon mal gehört, aber mich um keine weiteren Details bemüht.

Mein Sponsor erzählte voller Begeisterung von neuen Wegen, patentierten Produkten, gemeinsamen Plänen, die es galt zu verwirklichen, von internationalem Vertriebsaufbau, Innovation, finanzieller Freiheit, sozialem Engagement seitens der Unternehmensleitung bei World Vision. Und er sprach von der Chance eines selbstbestimmten Lebens. Er sprach von Freiheit!

Da ich eher ein Mensch mit wenig Worten, aber guter Beobachtungsgabe bin, habe ich nicht viele Fragen gestellt, sondern ließ die Eindrücke auf mich wirken. Bei dem gemeinsamen Abendessen kam er auf den Punkt unseres Treffens und fragte: „UND?"

Ich antwortete ähnlich kurz: „Ja, ich steige dort mit ein, ich weiß nichts über Produkte und Konzept, aber mein Bauchgefühl sagt mir, hier bin ich richtig."

Manchmal ist der Bauch weiter als der Kopf. Ich wusste plötzlich, es ist Zeit etwas Neues zu beginnen. Sorge und Zweifel, Angst neue Wege zu gehen, blockieren. Ich blockierte meinen Erfolg, mein Glück und all die Dinge, die das Leben lebenswert machen. Hatte ich meinen Schwung verloren, so musste ich ihn schnellst möglich wiederfinden. Ich war aufgefordert, die Verantwortung für das eigene Tun zu übernehmen. Das geschah, indem ich „ja" sagte zu einem neuen Weg!

Die Daten und Fakten zum Unternehmen hatten mich in Kürze überzeugt. Mein neues Partnerunternehmen hatte schon zwei Jahrzehnte bewiesen, dass es funktioniert. Der Start in ein neues Leben war mit meiner Unterschrift auf einem Teampartner Antrag vollbracht. Das Grundwissen hatte ich schon, nun musste es nur auf ein neues Konzept, ein neues System eingestellt werden. Ahnte ich doch:

*Wer immer glücklich sein will, der muss sich oft verändern.*

Das hat Konfuzius schon vor langer Zeit gewusst. Also machte ich Kassensturz und stellte eine gewisse Lücke für die Zukunft fest, die es zu schließen galt.

Das erste aktive Jahr mit dem neuen Partnerunternehmen brachte mir einige Erfolge, dank der offenen Menschen, die den Mut hatten sich mir anzuschließen und den neuen Weg gemeinsam mit mir zu gehen. Mein Sponsor hatte mein Vertrauen, von seinen Erfahrungen, seinem Einsatz und Energie konnte ich mit meinem kleinen Team profitieren.

Er handelte nach dem Prinzip:

*Hilf genügend anderen Menschen, dass sie bekommen,*
*was sie sich wünschen, dann wirst du immer genügend Menschen*
*um dich haben, die mit Begeisterung auch dir helfen, damit du auch*
*das bekommst, was du dir wünschst.*
*(Miles Hilton Barber)*

Mit anderen Worten heißt das für unser Konzept und unser Produkt-Angebot:
*Wir helfen Menschen, die interessiert sind,*
*sich gesundheitlich und finanziell zu verbessern.*

## Einsteigen – nicht nur wissen, sondern auch tun

Innerhalb von ein paar Monaten erklomm ich vier Stufen des Vergütungs-planes. Ich konnte als Incentive ein Wellness Wochenende firmen-gesponsert genießen, ein hochkarätiger Sportwagen auf Firmenkosten inbegriffen, und nahm an einer Urlaubswoche des Unternehmens inklusive eines Firmenevents auf einer Baleareninsel teil. Über die Möglichkeit, viele Vertriebspartner aus Europa kennen zu lernen – immerhin waren circa dreihundert anwesend – und gemeinsam zu feiern, hatte sich eine gute Chance ergeben, neue Dinge zu lernen und das Blickfeld zu erweitern. Ibiza kannte ich schon aus früheren Reisen, doch sah ich plötzlich ganz andere

Dinge. Mein Bewusstsein und mein Blickwinkel hatten sich verändert. Nach der Rückkehr aus einer sehr inspirierenden Urlaubswoche durfte ich noch mein neues Fahrzeug abholen, was auch von dem Unternehmen bezuschusst wird. (Wie das möglich werden kann, erfährst du unter www.1137241.go4pm.com)

*Incentive Wellness-Sportwagen Wochenende*

Voller Energie aus dieser spannenden Firmen-Event Woche zurückgekehrt, griffen alte Gewohnheiten, wie Aufschieberitis, wieder in den Tagesablauf ein, das Gift im alltäglichen Leben.

Ich begann Telefonate wieder zu verschieben, stattdessen kümmerte ich mich um andere Dinge wie Blumen gießen, Geburtstagsgeschenke, Küchenutensilien sortieren und Vieles mehr, was auch gemacht werden musste, aber meinem Geschäft nicht zuträglich war. Ich fragte mich in aller Ehrlichkeit: Wo stehe ich wirklich?

Der Grund für Mittelmäßigkeit, das war mir bewusst, liegt darin, keine richtigen Entscheidungen zu treffen.

Ich sagte zu mir: „Schau in den Spiegel und sieh den Haken für deinen Erfolg oder deinen Misserfolg." Ich ahnte, ich musste ehrlich zu mir selber sein, sonst würde mein Selbstwert leiden.

Ich erinnerte mich damals an einen Tagesplan einer sehr erfolgreichen Networkerin, von dem ich gehört hatte:

09-11 Uhr  Sport & Fitness
11-13 Uhr  Akquise
13-14 Uhr  Mittag
14-16 Uhr  zwei Präsentationen-Gespräche
16-18 Uhr  20-22 Uhr  Meetings
22-24 Uhr  Tagesausklang, Eigenkontrolle, Weiterbildung,
           Zielsetzung, Bücher.

Von diesem Zeitplan war ich mit meinem TUN weit entfernt.

Ein indisches Sprichwort sagt:

*Nimm die Zeit um zu planen,*
*dann hast du Zeit für die anderen Dinge.*

Jeder Networker, wie jeder andere Selbständige auch, ist aufgerufen in dem, was er tut, diszipliniert zu sein. Also setzte ich mich mit einem Zeitplan passend für mich auseinander, fertigte eine Zielkollage an und erstellte meine Zielplanung für die kommenden zwölf Monate. Jetzt hatte ich einen Fahrplan, an dem ich mich orientieren konnte.

GGGG – vier „G" werden mich in meinem Denken begleiten. Sie stehen für *Gesundheit, Geld, Glück und Geduld.*

Die Grundvoraussetzungen für mich, um mein gesetztes Ziel im Empfehlungsmarketing zu erreichen, sind:

- *Vertrauen*
- *Kommunikation*
- *Ausdauer*
- *gegenseitige Hilfestellung*
- *Teamgeist – je besser die Zusammenarbeit im Team ist, je besser sind die Ergebnisse*

Zwischen WISSEN und TUN erkannte ich bei mir eine Lücke. Diese konnte ich schließen mit:

- *Lernen*
- *Fähigkeiten*
- *Entwicklung*
- *Können*
- *Lernen beim TUN*

Daraus entsteht Praxis und der Fokus auf mein eigenes Ziel, denn Wissen bringt Vorsprung! Es gibt keinen Traum, kein Ziel, das zu gewagt ist, wenn ich diesem Weg folge und daran arbeite. Durch meine Weiterentwicklung entsteht Wachstum, Energie, Gesundheit, Bewusstsein und ein neues Selbstwertgefühl!

In meiner Generation wurde sehr stark mit der Angsterziehung agiert. Telefonieren mit dem guten alten schwarzen Nachkriegstelefon der Post, mit der runden Wählscheibe, war damals für uns Kinder strengstens verboten, da es Geld kostete, was seinerzeit Mangelware in unserem Hause war. Somit konnte sich meine Freundschaft zu diesen Apparaten nicht wirklich entwickeln. Die heutigen Kinder gehen ganz selbstverständlich mit einem Handy um, ohne Scheu oder jegliche Hemmung.

Im Empfehlungsmarketing lernte ich: Es ist förderlich dieses Hilfsmittel zu lieben, denn die Kommunikation mit diesem Medium ist preiswert und bringt Partner und Kunden schnell und unbürokratisch zusammen. Ohne Telefon gibt es keine Termine, wer aber telefoniert, hat Termine mit neuen Menschen, die an einem lukrativen Geschäft Interesse haben. Es ist das Tool zum Terminieren, Verkaufen und Sponsern! Diese Möglichkeit der Kommunikation ist effizient, wirkungsvoll, einfach und für schnelle Problemlösung perfekt. Dieses Medium zu lieben bringt mich vorwärts!

*Die Zeit zum Handeln jedes Mal verpassen*
*nennt ihr: die Dinge sich entwickeln lassen.*
*Was hat sich denn entwickelt, sagt mir an,*
*das man zur rechten Stunde nicht getan?*
*(Emanuel Geibel)*

Angst entsteht auch bei dem Wort „NEIN". Hatte ich das nicht allzu oft in der Kindheit gehört? Ein Wort, das mich in meiner Entwicklung sehr behindert hat, da eine freie Entfaltungsmöglichkeit in meinem Leben durch dieses Wort sehr massiv eingeschränkt wurde. Auch auf der Suche nach

Geschäftspartnern und Kunden kommt dieses „Nein" öfter vor, als ich glaube wollte, doch mit der Zeit habe ich gelernt damit umzugehen und mich nicht persönlich betroffen zu fühlen.

Mein Sponsor sagte: „Wenn du tausendmal ‚nein' gehört hast, dann hast du es geschafft." Soll heißen, bei tausendmal „nein" habe ich genug mit Menschen kommuniziert und die wichtigen „Ja" erhalten, die ein gutes Netzwerk ausmachen.

## Der Weg zum Erfolg

Warum bietet Network oder Empfehlungsmarketing für mich und andere so viele positive Aspekte? Was zeichnet erfolgreiche Menschen aus, die hier anfangen, an einer gesicherten Zukunft zu arbeiten?

Jeder ist sein eigener Unternehmer, das jeweilige Partnerunternehmen gibt den Rahmen, um das angestrebte Ziel zu erreichen. Bildlich gesprochen: Ich habe ein Auto bekommen, aber fahren muss ich selbst!

Jeder kann das tun, was ihm vorschwebt. Doch wer nichts bewegt, bewegt nichts! Ich genieße freie Zeiteinteilung, niemand schreibt mir vor, wann, wo und mit wem ich die Dinge tue. Es ist auch meine freie Entscheidung, wie viel Geld ich verdienen möchte. Wichtig: Ich muss Eigenverantwortung übernehmen für mein Leben und mein Tun, dazu gehört auch manche Gewohnheiten umzustellen, die Komfortzone zu verlassen.

Eigeninitiative ist angesagt!

Mich fasziniert die Arbeit in Freiheit ohne Chef/in im Hintergrund, der/die mir sagt, wann ich eine Pause machen kann oder wann ich was essen darf. Ich brauche niemanden, der meinen Urlaub geplant haben will und selbstverständlich darauf zählt, dass ich zur Verfügung stehe, wenn er/sie es für nötig hält. Ich denke dabei an frei verfügbare Zeit und ein automatisiertes Einkommen. In Freiheit arbeiten und eine gute, gesicherte Zukunft zu finanzieren sind mein Ziel.

Und ich weiß, dass es ein Schnell-Reich-Werde-System nicht gibt. Ich fange bei „Null" an, habe aber die Möglichkeit, die Chance alles zu erreichen, was mir vorschwebt. Die Ziele sind so unterschiedlich wie die Menschen selbst, aber ein klares Ziel ist schon der halbe Weg.

Empfehlungsmarketing ist das Zauberwort für alle, die sich ein paar hundert Euro nebenbei verdienen wollen, aber auch für die, die ihre eigene Karriere planen und in die Hauptberuflichkeit gehen wollen. Für jeden Unternehmer gibt es die Erfolgskontrolle nach spätestens drei Jahren. Diese Zeit wird benötigt, um ein Geschäft zum Laufen zu bringen. So auch im Empfehlungsmarketing. Ausnahmen bestätigen die Regel. Es gibt Menschen, die die Kunst beherrschen Schlüsselpersonen zu finden, mit denen sich das Geschäft schneller entwickeln kann, da diese Personen sich duplizieren können. Nach dieser Zeit kann man die Frage beantworten: Hat es sich gelohnt, ist mein Geschäft rentabel oder bin ich gezwungen andere Wege einzuschlagen?

Es gibt die drei Phasen zum Erfolg, durfte ich lernen: Die drei Phasen des Erfolges musst du auch, wie wir alle hinter dich bringen, wenn du einen neuen Weg einschlägst.

- *Du wirst aus deiner Umgebung vielleicht hören: „Das schaffst du nie, hör bloß auf damit ..."*
- *Nach einiger Zeit kommt die neugierige Nachfrage (mit der Hoffnung, du hast zwischenzeitlich aufgegeben): „Bist du denn immer noch dabei ..."*
- *Nachdem man weiß, dass du angekommen bist, wird man sagen: „Dass du es schaffen wirst, habe ich von Anfang an gewusst."*

Ich konnte es nicht glauben, dass diese Aussagen oftmals von den gleichen Menschen gemacht werden.

**ERFOLG** aber buchstabiert man folgendermaßen:

**A-R-B-E-I-T.**

Ist es Arbeit oder eine erquickliche Art der Beschäftigung?

Kontakte kann man überall machen, im Café, auf der Straße, in Läden, im Zug, auf dem Golfplatz oder bei anderen Sportaktionen, bei Straßenfesten und Geburtstagen. Das ist der angenehme Weg. Aber es gibt auch den Marathon, in dem man Kaltakquise über die uns bekannten Internetforen macht, Anzeigen schaltet, ziellos fremde Menschen antelefoniert.

Es wirkt das Gesetz der Anziehung, die Summen der Gedanken. Gleiches zieht Gleiches an, heißt es. Scheitern ist oftmals das Ergebnis von einer Anhäufung falscher Gedanken und Entscheidungen, die daraus entstehen, indem wir uns begrenzen durch unser Denken in unsere eigenen Fähigkeiten. Ich lerne daraus, aus dem HEUTE den ersten Tag für eine bessere Zukunft zu machen.

Vorbehalte gegen etwas, was man nicht kennt, sind mir im deutschen Denken oft begegnet. Ich hingegen bin schon als Kind offen und neugierig gewesen für andere Dinge. Hatte früh gelernt mit Augen und Ohren zu klauen, was andere anders oder besser machen. Ich bin nicht misstrauisch, sondern wachsam.

Wir wohnten seinerzeit, Ende der fünfziger Jahre, in einem kleinen Dorf vor der Hamburger Stadtgrenze. Ein Ort mit annähernd viertausend Seelen, Reetdach Häusern, Bauern, und Imkern mit traditioneller Imker Tracht und einem jährlichen Schützenfest, dem Ereignis des Jahres.

In diesem Dorf gab es einen Gasthof mit einem Saal. Dort fand alles das statt, was mehr Raum benötigte, also Feste, Trauerfeiern, Hochzeiten, Kino, Tanz, Fasching und auch Präsentationen von Produkten, die „meine Mutter" nicht brauchte. Immer wenn dort etwas veranstaltet wurde, waren wir Kinder auch dabei.

Ich erinnere mich an einen Sommernachmittag. Da waren einige Frauen, Omas und Kinder, samt mir, in den Gasthof gekommen. Holzstühle wurden gerückt und in dem Saal aufgestellt und ein Tisch mit einem großen weißen Schwan aus Plastik, einem Waschzuber aus Holz und einem Waschbrett, wo damals noch die Wäsche darauf geruffelt wurde. Man improvisierte!

Es wurde die *erste* Network Präsentation meines Lebens, was ich jedoch damals noch nicht wusste. Dieses Ereignis war lange in meinem Denken verschüttet, wurde aber kürzlich in meiner Familie erzählt.

Eine Frau machte dort eine Vorführung für Waschmittel, mit Wasser, viel weißem Schaum und Erklärungen, warum gerade dieses Produkt so ausgezeichnet war. Der Name des Produktes war „Schwanweiß", ein Waschmittel in einem lila Pappkarton für die „große Wäsche", ein Produktname, der mir niemals wieder begegnete. Dennoch, die Erinnerung ist da. Die Präsentation hingegen hat mir wohl damals so gut gefallen, dass ich im Alter von ungefähr fünf Jahren begeistert applaudiert habe. Den Namen des Produktes habe ich nie vergessen! So wurde vermutlich damals schon der Grundstein für meine Network Geschichte gelegt.

Der Ursprung von Network Marketing liegt in Amerika, wo einst die fahrenden Händler die Auswanderer, Goldsucher und Pioniere mit Spaten, Sieben und anderen Utensilien versorgten. Später, so ungefähr in den Jahren um 1940, machten sich die ersten Firmen auf den Weg mit einer neuen Vertriebsmöglichkeit, dem Direktvertrieb. Große Unternehmen mit Milliarden Umsätzen entwickelten sich daraus. Heute gibt es in dieser weiterentwickelten Vertriebsform mehrere hundert Unternehmen in Europa, ständig wachsend.

Network Marketing oder Empfehlungsmarketing ist eine Lebenseinstellung, die die Bedürfnisse, Wünsche und Anregungen der Menschen in den Mittelpunkt stellt. Eine Vertriebsform, die bequem für die Kunden ist. Oft wird in Wohnzimmern, im Homebusiness das Unternehmen vorgestellt. Es ist angenehm, unterhaltsam, helfend, motivierend, verbindend und jeder Beteiligte weiß, mit wem er es zu tun hat. Nicht so, wie heute in vielen Einzelhandelsfirmen üblich, welche mit unqualifizierten Billigkräften oder Personalmangel kaum Service und Beratung bieten.

Empfehlungsmarketing ist ein Beziehungsgeschäft mit Vorteilen für alle Beteiligten. Eine WIN WIN Situation! In Deutschland hat es sich nur noch nicht richtig herumgesprochen, wie komfortabel hoch der Nutzen ist. Man sucht noch immer nach dem Haken. (Info: works-co@zeitenwende.biz)

Für jeden, der aktiv werden und ein Vertriebsnetz aufbauen will, bietet diese Branche eine hervorragende Möglichkeit. Für jeden, der einzigartige Produkte und gute Beratung sucht, ist es ein bequemer, angenehmer Weg des Einkaufens.

Franchising war mir schon viele Jahre bekannt. Auch das ist eine der Möglichkeiten einer Selbständigkeit. Doch für mich gab es einige Fakten, die mir bei Franchising nicht behagten und die ich nicht tragen konnte. Es bieten sich zwar auch gute Provisionen neben einem bewährten Marketing Konzept an, aber es ist verbunden mit hohen Einstiegskosten, hohem Risiko, Abhängigkeit von dem betreffenden Unternehmen, regionaler Begrenzung und hohen Lizenzgebühren. Dadurch ist es nicht für jeden eine gute Gelegenheit.

Die Mehrheit der Gewerbetreibenden versteht die Geheimwaffe Network noch nicht und erkennt nicht das grenzenlose Potenzial, was dahinter steht.

Im Network oder Empfehlungsmarketing gibt es Auflagen wie im Franchise Konzept nicht. Jeder kann ohne Risiko, ohne Eigenkapital als Teampartner starten und über Direktprovisionen und Teamboni ein passives Einkommen erarbeiten. Das alles bei freier Zeiteinteilung, ohne Lizenzgebühren oder Gebietsbeschränkung. Aus dieser Möglichkeit bietet sich ein internationales Geschäft an, das im Internetzeitalter eine nie dagewesene, unbegrenzte Expansionsmöglichkeit für jeden Freiberufler, Existenzgründer und für jeden aktiven Menschen, egal, ob jung oder alt, dick oder dünn, ermöglicht. Nationalität spielt keine Rolle, auch Menschen mit einer körperlichen Behinderung haben die Chance auf eine interessante gesicherte Zukunft. Doch man sollte kontaktfreudig sein und Menschen mögen.

## Eigenverantwortlich durch Höhen und Tiefen

Ich möchte nicht den Eindruck erwecken, dass es das Paradies ist, nein, sondern aktiv zu werden ruft zur Selbstverantwortung auf. Für mich ist es ein Geschäft, das viel Freiheit und Selbstbestimmung beinhaltet. Verantwortlich ist jeder für sein TUN oder auch für sein NICHT-TUN. Man kann bleiben, was man ist, oder man kann etwas durch Aktivitäten in diesem Business zum Positiven verändern.

Auch ich erlebe Höhen und Tiefen, oft habe ich ans Aufhören gedacht und bin dann wieder aktiv geworden. Ich habe Erfolge gefeiert, Niederlagen weggesteckt, die Kurve ist wie ein Börsenchart, die Reise geht durch Täler und in höchste Bergregionen. Ich hatte mit Täuschungen und Enttäuschungen zu tun. Menschen, auf die ich zählte und auf deren Unterstützung ich hoffte, erfüllten oft nicht meine Erwartungen.

Meine eigenen anerzogenen Glaubenssätze hatten eine negative Auswirkung auf mein Tun, mein Denken und meinen Selbstwert. Sätze wie:

„Schuster, bleib bei deinen Leisten."

„Der Spatz in der Hand ist besser als die Taube auf dem Dach."

„Greife nicht nach den Sternen."

„Das schaffe ich nicht."

„Die wollen alle nur dein Geld."

„Reich wird man nicht durch Ehrlichkeit."

„Ich bin zu alt, krank, dick etc."

„Deine besten Jahre sind vorbei."

„Wer sich in Gefahr begibt, kommt darin um."

Ich lernte daraus: Manch falscher Schritt wird getan, wenn man stehen bleibt.

*Wenn du sagst, dass du auch mit dem Zweitbesten zufrieden bist,*
*wirst du es auch bekommen.*
*(John F. Kennedy)*

Ratschläge von Personen, die noch nicht das erreicht hatten, was sie haben wollten, nahm ich grundsätzlich nicht an. Das brachte mir das

Image, ich sei arrogant. Das Ziel, das mir vorschwebt, kann ich erreichen, indem ich immer und immer wieder das Gleiche tue, womit ich bereits etwas erreicht habe. Dann wird man erfolgreich, denke ich.

Noch heute schaue ich zu denen, die es gut machen, von denen ich lernen kann. Ich weiß, dass EPA's – Einkommen produzierende Aktionen – wichtig sind, und dass ich das Rad nicht neu erfinden muss, sondern mich an denen orientiere, die mir vormachen, wie man Ziele erreicht. Ich muss tun, was getan werden muss, um in diesem Geschäftsmodell erfolgreich zu werden. Aber ich bin auf dem Weg.

EPA's erlernen und umsetzen heißt
1. Kontakte machen
2. Einladen lernen
3. Präsentieren
4. Einarbeitung

Meine Idee dazu war: Menschen kennen Menschen, Menschen folgen Gewinnern, Menschen folgen mir, wenn ich richtig voran gehe. Gibt es denn etwas Schöneres, als Menschen eine Chance und Zuversicht an die Hand zu geben, damit es ihnen besser geht? Freude beginnt, wenn die Schecks nach oben tendieren, Frustration setzt ein, wenn sie wieder nach unten fallen. Ich spürte, ich musste meine Anstrengungen verdoppeln, mehr tun, um aus Tälern wieder herauszukommen.

Ich stellte mir folgende Fragen und suchte nach Antworten:
- Verdiene ich, was ich mir vorgestellt habe mit meinem Engagement?
- Gibt es eine hohe Fluktuation? Wenn ja, warum?
- Werden ausreichend Meetings durchgeführt, ist das Unternehmen technisch gut gerüstet für die kommenden Jahre?
- Ist mein Partnerunternehmen gut aufgestellt, hat es einzigartige Produkte, eine optimale Logistik international? Bin ich in einem Erfolgssystem?
- Bin ich richtig als Partner in diesem Unternehmen, habe ich Vertrauen und Wohlgefühl, damit ich einen optimalen Einsatz leisten kann?
- Gibt es ein Team, das mich zu meinem Erfolg begleitet?

- Gibt es genug positive Erfahrungsberichte von Menschen, die sich in diesem Unternehmen engagieren?
- Will ich mir mit Hilfe dieses Unternehmens meine Zukunft gestalten?
- Funktioniere ich richtig?

Mir ist bewusst: Ich bin meines Glückes Schmied. Wenn ich besonders zielorientiert und ausdauernd arbeite, dann habe ich erfahrungsgemäß das meiste Glück. Je öfter ich etwas tue, je mehr stellt sich der Erfolg ein. Nachdem ich meinen ersten begeisterten Partner ins Geschäft gebracht hatte, kam ich zu der Erkenntnis: Was einmal geht, das geht auch öfter!

Macht Geld glücklich? Keine Ahnung, aber im stetigen Gefühl des Mangels zu leben macht unglücklich, oft krank und depressiv. Angst macht nur, dass alles so bleibt wie es ist. Geld ist wichtig als Mittel zum Zweck.

Als ich sehr jung war, wollte ich mir Wünsche erfüllen, ein schönes Leben aufbauen, reisen und die Welt erkunden. Mir ging das Herz auf, wenn ich mir schöne Dinge leisten konnte, und wenn es nur ein besonders schönes Wasserglas war.

Finde heraus, was du willst und triff deine Entscheidungen, und dann hilf anderen dabei ihre Entscheidungen zu treffen.

Dein Erfolg misst sich an deinem Umgang mit Enttäuschungen. Ehrlichkeit, Vertrauen, Respekt und Treue sind Grundsätze für einen ethischen Umgang im Geschäftsleben miteinander. Wenn du deinen Job liebst, brauchst du keinen Tag mehr zu arbeiten, es ist lebenserfüllend.

Patentrezepte gibt es natürlich nicht. Jeder hat seinen eigenen Weg. Alles beginnt heute. Wenn du mit Leidenschaft deiner Zukunft eine neue Richtung gibst, werden sich dir Menschen anschließen.

Solidarität ist nicht so weit verbreitet, doch ich finde diese Menschen, die gemeinsam mit mir an einer guten Zukunft arbeiten wollen. Gemeinsam sind wir stark, als Einzelkämpfer ist es ein schwerer Weg. Die Konzepte dieser Marketing Branche sind auf Gemeinsamkeit programmiert. Gemeinsam arbeiten, gemeinsam Geld verdienen, gemeinsam Erfolg haben, gemeinsam gute Tage feiern. Wer Geld jedoch verurteilt, der wird es schwer haben, denn er selbst programmiert sich auf Mittelmaß.

Ich verinnerlichte: Wenn ich dich erfolgreich mache, werde ich erfolgreich sein. Mein Sponsor gab mir den Rat: „Sei anders als andere, sonst bist du Sand in der Wüste. Erkenne Chancen, Werte und Wohlstand für die Zukunft, für dich und andere Menschen, die das Gleiche wollen wie du."

Network Marketing spricht jedoch nicht nur studierte junge Menschen an, nein, jeder, der den Willen hat, für sich etwas zu verändern und eine bessere Lebensqualität zu erreichen, ist angesprochen. Erfolg ist kein Zeichen von Bildung. Für jeden dieser Suchenden gibt es die Empfehlung: Starte nebenberuflich mit der Aussicht, später einmal in die Hauptberuflichkeit zu wechseln, mit einem Unternehmen, das deine Interessen weckt und dir deine Arbeit mit Freude, Freiheit und Spaß ermöglicht. Je mehr Erfolg du hast, je mehr Spaß stellt sich ein!

Du musst gut drauf sein!
- Wenn du nichts bewegst, bewegt sich nichts.
- Das Gesetz der Resonanz: Die Schwingung, die du hast, zieht Gleiches an.
- Das Prinzip von Ursache und Wirkung: Es liegt an dir und deiner Einstellung.
- Wer ist verantwortlich für deinen Erfolg? Richtig! ... DU selbst.

Die NIPSILD Formel:
N --- NICHT
I --- IN
P --- PROBLEMEN
S --- SONDERN
I --- IN
L --- LÖSUNGEN
D --- DENKEN

Eine positive Geisteshaltung ist förderlich.
Was denke ich?
Erreiche ich mit diesem Denken meine Ziele?
Gedanken haben die Kraft sich zu verwirklichen.

*Die freie Persönlichkeitsentfaltung des einzelnen Menschen*
*und das globale Zusammenwirken der Menschheit werden*
*die kommenden Jahre auf diesem Planeten bestimmen.*
*(Alfred Stielau Pallas)*

In einem Seminar bekam ich ein Zentimeter Maßband. Davon sollte so viel an Zentimetern abgeschnitten werden, bis die Zahl erreicht war, wie lange ich vorhabe zu leben. Ich machte optimistisch bei hundert Zentimetern, symbolisch stehend für hundert Jahre, den Schnitt. Dann musste abgeschnitten werden, wie viele Jahre ich schon gelebt habe. Erschrocken schaute ich auf den Rest, der blieb, obwohl ich mein Ziel weit gesetzt hatte.

Damals zog ich Bilanz. Ich suchte nach einer neuen Perspektive für mein weiteres Leben, welche ich im Empfehlungsmarketing fand. Das macht mich stark. „Yes, we can", das ist mein Motto geworden. Ja, das Leben ist manchmal ganz schön blöd, aber unheimlich spannend und aufregend. Mir wurde sehr bewusst, dass jeder gelebte Moment von dem noch bestehenden Rest des Lebens abgezogen wird. Also, worauf warten?

*Unser Land braucht „Sanierungskapital". Es sind nicht die Milliarden, die man den Banken gibt, die unser Land sanieren, sondern die Talente, die Erfahrungen, die Beziehungen, die Weisheit und die Tatkraft, die in den Menschen über fünfzig schlummern, und derzeit nicht freigesetzt werden, weil man sie auf die Pension vorbereitet. Dieses Potenzial müssen wir gemeinsam heben und freisetzen.*
*(Karl Pilsl)*

Ich pflege das Bewährte und wage das Neue. Schnell habe ich gelernt nicht zu signalisieren, was nicht geht, sondern zu erkennen, was ich kann. Es erfordert von mir meine Grenzen, die ich mir selbst erschaffen habe, zu überwinden, die rote Linie zu überschreiten, immer wieder erneut. Das, was ich heute tue, ist das Ergebnis von Morgen. Nur wenn ich den Mut habe meine eigenen Grenzen zu überschreiten, wird meine Vision zur Realität werden, erkannte ich und handele danach. Ich stellte mich von konsumieren auf investieren – *in mich* – um, tat viele Dinge, um die Weichen zu stellen, die in eine finanziell freie Zukunft führen.

Leben in Unabhängigkeit ist mein großes Ziel. Drei bis fünf Jahre Aufbauarbeit ist mein Einsatz, mit einem Partnerunternehmen, das eine außergewöhnliche Geschäftsidee liefert. Dadurch erhalte ich die Quelle, die nach getaner Arbeit über lange Zeit weiter sprudelt. Mein Ziel – ein passives Einkommen – rückt näher, mein Glaube an mich selbst bringt mich weiter.

Ich bleibe ideenreich und aktiv.

Ich überlegte für mich und fand heraus, was ich will:

- möglichst schnell Geld verdienen
- ein nachhaltiges Geschäft aufbauen
- eine hauptberufliche Tätigkeit
- Kontakte zu anderen
- Top Produkte
- Anerkennung im Umfeld
- eine sinnvolle Aufgabe
- ein Geschäft, das mir Spaß macht

## Visionen – ein Schlüssel zum Erfolg

*Visionäre* sind Macher, führende Köpfe, Menschen, die eine Vorstellung von der Zukunft haben und daran arbeiten. Für sie sind ein paar hundert Euro nicht relevant. Es geht um das große oder ganz große Geld. Wer einmal in der Lage war eine Million zu verdienen, der weiß auch, wie es mit der zweiten geht. Damit sind auch Unternehmer, die ggf. ihr Unternehmen aus Altersgründen weitergegeben haben, angesprochen, ihre Fähigkeiten neu zu ordnen und einzusetzen. Sie gehören nicht zum „alten Eisen", sondern sind ein wichtiger Faktor in diesem Wirtschaftssystem, indem sie ihre Erfahrungen, Erkenntnisse und Wissen weitergeben.

Visionäre sind Menschen, die in der Zukunft ein Bild, wie ihr Ziel aussieht, erkennen und den Weg dorthin ebnen und verfolgen. Oft sind sie eingebunden in andere Tätigkeiten, aber es heißt: Gib denen Arbeit, die schon welche haben. Visionäre haben eine Zielplanung und einen Zeitplan. Sie konzentrieren sich täglich auf neue Kontakte, um mit ihnen über die Geschäftsmöglichkeit und die Produktkonzepte des Unternehmens zu sprechen. Irgendwo in den emotionalen Bedürfnissen seines Gegenübers erkennt der Visionär, auf welcher Ebene des Herzens und der Seele des Gegenpols Ansatzpunkte zu finden sind, um den Interessenten zu einem produktiven, erfolgreichen und zufriedenen Mitglied des Teams werden zu lassen.

Das ist das Geheimnis des Erfolgs im Network Marketing: Menschen von A nach B mitzunehmen und dem Glück auf die Sprünge zu helfen. Es wird die Qualität deines Lebens wesentlich erhöhen. Was würde es für dich bedeuten, wenn du anderen dabei helfen könntest, ihr Leben zu verändern?

Aus meinem Blickwinkel heraus gehörte „Geschichten erzählen", nicht Märchen, sondern die eigene Geschichte, immer in den Bereich der Unwahrheit oder Notlüge. Im MLM Multi Level Marketing lernte ich, dass es wichtig ist, meine eigene Geschichte zu kreieren und zu erzählen. Menschen hören sich gerne Geschichten an und auch ich war/bin ein guter Zuhörer, wenn andere Leute davon erzählen, wie, warum, weshalb sie zum Network gekommen sind. Eine Geschichte von fünfundvierzig Sekunden, die einen kurzen Abriss vom Leben und den Entscheidungen des Einzelnen aufzeigt. Es gibt immer hunderte von Wegen, um zum Ziel zu kommen, und jeder nimmt einen anderen.

In dem kurzen Zeitrahmen erzählt man: Wer bin ich, woher komme ich, beruflicher Hintergrund, wann mit MLM in Kontakt gekommen, warum die Entscheidung getroffen, bisherige Erfolge.

*Wenn du den Karren nicht selbst anschiebst,*
*wird sich der Karren nicht bewegen.*
*(Asiatisches Sprichwort)*

Einige Fragen und Merksätze ergeben sich bei meinen Überlegungen für mich:

- Wer zahlt dir langfristig das beste Gehalt?
- Ist es eine Chance für Freiheit und Leben ohne Zwänge?
- Du musst mehr tun, um mehr zu erreichen, entwickle die Bereitschaft!
- Grenzen zu überschreiten beginnt im Kopf, ab sofort werden die Karten neu gemischt!
- Erfolg ist unbequem!
- Liebe deine neue Aufgabe!
- Stehe mit jeder Zelle hinter den Produkten deines Partnerunternehmens!
- Willst du machen oder rebellieren?
- Eine Namensliste ist keine Bewertungsliste, sondern eine Warteliste, lasse die Menschen selbst entscheiden!
- Wenn es eine Chance ist, musst du sie ergreifen!

- Dir fliegt nichts zu, du musst bis zur Bilanz sechsunddreißig Monate durchhalten, gib dir diese Zeit!
- Sei bereit zu lernen!
- Zeige Durchhaltevermögen!
- Verkrafte Rückschläge, gehe weiter!
- Erfolg ist nicht perfekt, sondern nur 80 % !
- Erfolg ist, wenn du mir dir zufrieden bist!
- Das, was funktioniert, mache öfter!
- Nachvollziehbare Erfolgskontrolle!
- Nimm an Meetings teil, sehen und erleben!
- Blicke auf die, die schon das erreicht haben, was dir vorschwebt!
- Glaube an deine eigenen Stärken!
- Gehe nicht immer rechts oder links, gehe deinen Weg!
- Mache das, wovon du überzeugt bist!
- Der Kopf entscheidet, der Glaube ist stark, der Zweifel ist schwach!
- Unser Unternehmen ist ein Chancengeber, du bist dort, wo Geschichte geschrieben wird!
- Schreibe deine Erfolge (auch kleine) auf!

Wachstum entsteht durch Neues. Das erkennt jeder schnell, denn eine Unternehmung, die stehen bleibt, stirbt. Das ist ein altes Gesetz. Visionäre hingegen wollen nur eines ... dahin, wo oben ist!

Was erlebe ich anders im Empfehlungsmarketing, als im alltäglichen Tagesgeschäft, im Einzelhandel, der Industrie oder im Büro?

Eine ganz wichtige Erfahrung für mich ist, dass man miteinander und nicht gegeneinander arbeitet. Der Informationsfluss geht erfahrungsgemäß von oben nach unten und von unten nach oben, somit kann immer jeder auf dem aktuellen Stand des Geschehens sein. Teamgeist und Engagement, Leadership werden hochgehalten, denn gemeinsam mit einem starken Team stellt sich immer der Erfolg ein. Aus gemeinsamen Seminaren und Schulungen werden Events für Partner, Teammitglieder und auch für neue interessierte Menschen. Man lernt sich kennen, Partner aus der Unternehmensleitung oder aus dem Team begrüßen sich lachend mit einem Strahlen im Gesicht, ja, man umarmt sich sogar bei der Begrüßung oder auch beim Abschied. Der Umgangston ist freundlich, wenn auch sachbezogen, denn jedes Unternehmen lebt vom Umsatz, sowie alle Partner auch.

Bei größeren Veranstaltungen sorgt fetzige Musik, die die Erwartung auf einen spannenden Tag erhöht, für gute Laune auch beim Letzten. Es herrscht Disziplin, aber kein Stress und Druck. Teamleader reservieren für ihre Partner Plätze, so dass der Kontakt untereinander gefördert wird, wenn ein Team mit seinen Neuen zusammen sitzt. Es entsteht eine besondere Energie, wenn man mit den vielen Menschen gemeinsam in einem Raum sitzt, die das gleiche oder ein ähnliches Ziel im Auge haben. Diese Veranstaltungen unterstützen die Kommunikation, den Zusammenhalt, das Vertrauen, die Loyalität und den Teamgeist untereinander.

Nicht zuletzt wird das Wissen vermittelt, das erforderlich ist, um ein Leader zu werden. Fotos dienen zur bleibenden Erinnerung an einen interessanten Tag mit vielen neuen Erkenntnissen und Fakten. Wenn der erste Referent die Bühne betritt, meistens ein Geschäftsführer oder ein Partner aus dem Führungsteam, springen die meisten Anwesenden von ihrem Platz auf, applaudieren und zeigen dem Referenten, dass er willkommen ist mit Akzeptanz und Erwartung, denn hier arbeiten und leben alle Anwesenden für den Erfolg des Unternehmens mit. Die Liebe zum Detail wird gespiegelt. Der Referent fragt die Erwartungshaltung der Anwesenden ab: „Wie fühlt ihr Euch?" Antwort: Donnernder Applaus begleitet von Begeisterung, der aussagt: „Wir sind super drauf!"

Das Niveau der Interessenten hat sich in den vergangenen Jahren verändert, heute sitzen unter den Interessenten Architekten, Ärzte, Heilpraktiker, Schriftsteller, Handwerker, Anwälte, Künstler, Unternehmensberater, Versicherungs- und Immobilienmakler, und, und, und. Männer und Frauen aller Altersgruppen sind vertreten. Zirka sechzig Prozent sind Frauen. Wir sind weit entfernt von einem „nur" Hausfrauenbusiness, aber bitte nicht falsch verstehen! Meine Achtung für all das, was manche Hausfrauen auf die Beine stellen und in den gegebenen Konzepten ihre Chance ergreifen und aus ihrer Lebenssituation ein völlig neues Lebensschema entwickeln. Auch für Mütter oder Väter mit Kindern mit Kindern ist es ideal, von Zuhause aus zu arbeiten und nach den eigenen gesetzten Zielen erfolgreich zu werden. Und selbst da gilt: Umso mehr Umsatz, umso mehr Spaß!

Es ist eine besondere Herausforderung, sich für Network/ Empfehlungsmarketing zu entscheiden. Es gibt dann keine Grenze, die den Weg nach oben beschränkt. Dieses System wurde als Nebenerwerbsmodell konzipiert, nur ein kleiner Prozentsatz der Teammitglieder entscheidet sich für die Hauptberuflichkeit. Warum ist das so? Man startet bei Null und das wollen oder können viele Partner nicht, da die finanziellen Möglichkeiten fehlen oder es nicht genug motivierend erscheint. Die Konzepte der Unternehmen sind aber darauf ausgelegt, dass jeder die Möglichkeit zu einem Geschäftsstart hat, und aus einem Nebenerwerb einen Hauptberuf machen kann, wenn der Umsatz sich nach oben entwickelt hat. Es ist ein Geschäft der großen Zahl. Upgraden ist immer möglich.

Ein bekannter, sehr erfolgreicher Networker sagte einmal: *„Tritt fest auf, mach's Maul auf und halte dich nicht zu lange auf."*

Soll heißen: Glaube an dich selbst, erzähle vielen von deinem Unternehmen, deiner Vision. Wenn du merkst, es gibt kein Interesse bei deinem Gegenüber, dann versuche nicht zu bekehren, sondern erzähle dem/der von deiner Vision, der zuhören will.

Man muss das Rad nicht neu erfinden. Unternehmen kreieren ein Konzept, dieses System gilt es zu nutzen und nach den Vorgaben zu arbeiten, dann führt es zum Erfolg. Ich habe einen Plan, ein Ziel! Wenn man keinen Plan hat, kann man auch nicht nach Plan arbeiten.

Network ist kein Lottospiel, es ist ein Business, in dem ich nichts dem Zufall überlassen sollte. Wenn ich Ziele verfolge, habe ich die beste Möglichkeit mich zu einem Leader, zu einem Förderer zu entwickeln. Ohne Ziel gibt es kein Ankommen! Ich biete Lösungen an, die die Lebensqualität von Menschen verändern können. Und das Schöne ist, ich kann mir meine Gesprächspartner/innen aussuchen, denn ich arbeite mit denen, die mir gefallen, zu denen der Draht stimmt. Ich mache mir Gedanken, wen ich für das Geschäft gewinnen will. Man merkt schnell, ob wirkliches Interesse und Neugier vorhanden ist.

Zuhören, was den anderen bewegt, habe ich gelernt. Menschen richtig zu motivieren ist eine Kunst, die sich fast jeder aneignen kann. Wir haben zwei Augen, zwei Ohren, aber nur einen Mund. Ich bin nicht dafür da, die Interessenten zu zu texten. Aber Fragen sollen so gut es geht beantwortet werden. Wenn etwas nicht geklärt werden kann, dann ist da ja noch meine Upline, mein Sponsor, der sicher eine Antwort weiß. Und auf die Frage: „Wie viel verdienst denn du?" kann ich beruhigt antworten: „Ich bin auf einem guten Weg, fahre ein Auto finanziert vom Unternehmen, habe die jährliche Incentive Reise ins Mittelmeer erleben dürfen, für meinen Einsatz ein Wellness Wochenende mit Sportwagen als Qualifikation erhalten und der monatliche Scheck kommt auch pünktlich."

Anlässlich dieser Reise nach Ibiza erlebte ich meine erste White Party. Seit Jahren kleide ich mich hauptsächlich in schwarz, black is easy, so, dass man überall eintreten kann. Ganz in weiß ist ein Thema, für mich sehr gewöhnungsbedürftig. Was ich erlebte, war ein Traum in weiß. Es übertraf alle meine Erwartungen. Dreihundert Partner in weiß gekleidet waren anwesend an einem hellen Sandstrand, der nur für uns Firmenpartner reserviert wurde. Eine besondere Energie, Dynamik und positive Schwingung war spürbar. Sektempfang und eine persönliche Begrüßung für jeden Geschäftspartner vom Firmengründer und seiner Frau. Live Musik war selbstverständlich dabei. Das Gewusel von den vielen weiß gekleideten, gut gelaunten Menschen und die gesamte Atmosphäre mit den weiß gedeckten Tischen, Silberleuchtern, elegantem Porzellan, und das fantastische Dinner, ließen eine euphorische Stimmung aufkommen, aber auch ein Gefühl der Zugehörigkeit, Wertschätzung, Anerkennung und einer starken Verbundenheit innerhalb des Teams.

*Incentive Reise Ibiza PM International*

Ich suche Interessierte, die mit mir den Weg gehen, die mit mir gemeinsam erfolgreich werden wollen. Wir wollen einen Sog erzeugen, nicht unter Druck arbeiten, dennoch steht Disziplin, Fleiß, Ausdauer und Arbeitsroutine ganz oben. Ich habe geschaut: Was macht mich wirklich an? Und ich habe das passende Unternehmen dazu gefunden. Jetzt kann ich mich in Menschen investieren, dass auch diese erfolgreich werden können.

Lernen durfte ich, dass das Entstehen von Geschwindigkeit Momentum wichtig ist, damit Umsatz erzeugt wird, Spaß und Freude existiert und Zweifel am Tun ausgeschlossen wird. Ich gebe meine Vision an andere weiter und zeige ihm/ihr, was er/sie aus ihrer Situation machen kann.

Als sich der erste Erfolg einstellte, wusste ich, das ist duplizierbar. Angesprochen sind damit nicht die Menschen, die beratungsresistent sind. Auch diese treffe ich auf meinem Weg. Aber vielleicht ist es für diese Person noch nicht der richtige Zeitpunkt für ein Gespräch. Der Schlüssel zum Glück im Beruf bedeutet nicht nur, die Fähigkeiten zu haben, sondern auch die Begeisterung für das eigene Geschäft mitzubringen.

ICH bin OK – DU bist OK: Das ist die gute Ausgangsposition und eine Lebensgrundeinstellung für ein gutes Gespräch mit meinem Interessenten oder Freunden, wie auch für jede andere Lebenssituation. Soll heißen: Nimm den anderen so wichtig, wie du dich wichtig nimmst. Begegne deinem Gegenüber mit Respekt! Der Weg des Guten ist der Weg zum Besseren! Ich finde heraus, wo der Bedarf oder die Nöte der Person sind. Habe gelernt, nicht zu verkaufen, denn Menschen lieben es zu kaufen, wollen aber nichts aufgedrückt bekommen. Das gilt für Produkte jeder Art und im Empfehlungsmarketing im besonderen Maße, denn Empfehlungen werden von dankbaren Menschen ausgesprochen.

Im Network oder Empfehlungsmarketing werden wir dafür bezahlt, dass wir anderen die Information über das Geschäft und die Produkte geben. Mein Gegenüber muss wissen: Was muss ich tun, was habe ich davon? Was bietet mir das Unternehmen und was kann ich mit der Hilfe des Teams tun? Der/die Neue entscheidet, was richtig für ihn/sie ist. Wir, die wir schon in einem Network Unternehmen integriert sind, sollten tunlichst beachten, dass wir Networker und nicht Netwürger sind. Ich sage zu manchen Personen, die ich treffe: „Ich kenne ein Geschäft, das gut zu Ihnen passen würde." Oder: „Ich kenne ein Produkt, dass dir möglicherweise gut tun würde. Interessiert? Wann hast du Zeit, Dienstag oder

Donnerstag?" (Info: works-co@zeitenwende.biz) Ich gebe eine Botschaft, damit andere sich entscheiden können.

Fragestellungen: Wie, was, warum, wofür, wann, wozu, weshalb ... erwecken Aufmerksamkeit und Interesse. Neugierde auf mein Konzept und auf meine Produkte entsteht automatisch. Wichtig ist:

Stelle die Frage.

Stelle die Frage richtig.

*Stelle die richtigen Fragen, richtig!*

Nicht jeder will es, damit kann ich leben, denn es gibt ja noch andere Menschen, die den Sinn und die komfortable Möglichkeit „zum Geld dazu verdienen" erkennen. Es tut sich immer wieder die Frage auf: Interessant? ... Nicht interessant? Ein JA macht Freude, ein NEIN kann mich nicht abschrecken. Es heißt in dieser Situation: Der Nächste bitte! Zugegeben, ein „Ja" ist motivierender. Wer möchte diese neue Möglichkeit zur Weiter-entwicklung, gesundheitlich oder finanziell kennen lernen? Wer will sich für die Zukunft eine andere Perspektive geben? Ich lerne genug Menschen kennen, denen ein Teil fehlt, damit das Leben Spaß macht.

Es wird immer Leute geben, die an dem Syndrom leiden: Geh du voran! Zeig mir erst einmal, dass es bei dir funktioniert. Ja, okay, dann lassen sie wertvolle Zeit verstreichen, in der nichts bewegt wird, für diese Menschen. Und wenn man keinen Plan hat, dann kann man nicht nach Plan arbeiten. Man muss immer schauen, wo das Loch im Eimer ist, und dann aktiv werden. Ich gebe eine (Geschäfts-) Idee an andere, was diese aus ihrer Situation machen können. Entscheiden muss jeder für sich selbst. Wenn man jedoch die Einstellung hat: „Ich kann ja nichts tun", dann läuft nichts für denjenigen. Denn was wir heute tun, welche Weichen wir stellen, das bestimmt unsere Zukunft. Vielleicht wirst du einige Frösche küssen müssen, bevor du den Märchenprinz, den richtigen Partner oder auch das richtige Unternehmen für dich gefunden hast.

Ein befreundeter Leader aus dem Führungsteam eines Network Unter-nehmens sagte vor einiger Zeit auf die Frage nach den Verdienstmöglich-keiten: „Zehnmal ‚nein' am Tag ... Samstag-Sonntag frei ... 8000 Euro nebenberuflich möglich. Wichtig ist der Glaube an DICH selbst!"

*Wenn es einen Glauben gibt, der Berge versetzen kann,*
*so ist es der Glaube an die eigene Kraft.*
*(Freifrau Marie von Ebner-Eschenbach)*

Wie kommt es, dass die meisten von uns so viel Angst vor einem NEIN haben? Ein NEIN ist negativ besetzt. Immer wurden wir als Kinder mit diesem Wort eingeschränkt, in der Schule war es nicht anders.

Aber was kann passieren, wenn mir jemand ein NEIN gibt, seine Grenze mir gegenüber aufzeigt? Ich habe festgestellt: Nichts! Ich nutze eine Absage als Wegweiser für neue Gespräche.

Welche Auswirkungen kann es haben, wenn ich meine Angst nicht verändere? Ich denke, dann ist meine persönliche Weiterentwicklung eingeschränkt. Ich bleibe stehen, bin blockiert, die Geschäfte gehen schlecht, Glücksgefühle stellen sich nicht ein, immer weniger Kohle zum Ausgeben kommt aufs Konto. Das gute Lebensgefühl und die Freude werden verhindert.

Angst lähmt, dass wissen wir alle aus eigener Erfahrung. Aber nicht nur Lähmung, sondern Folgeerscheinungen treten auf. Krankheit, Trauer und Kraftlosigkeit bis hin zur Depression oder zum Burnout. Kreativität kann dann nicht mehr gelebt werden. Wir sind als angstvoller Mensch kein Vorbild für andere. Der Verlust der positiven Ausstrahlung und die Angst vor anderen Menschen wachsen, wenn ich die Fesseln dieses Gefühls nicht sprengen kann, dann arbeitet die Zeit gegen mich. Ich fühle mich dann in einer Sackgasse, die Unsicherheit wird größer, das Selbstbewusstsein ist im Keller. Willkommen bei der Masse!

In vielen Fällen hilft das Team, Ängste und Blockaden zu überwinden. Ich empfinde es für mich als positive Herausforderung, wenn verschiedene Welten und Meinungen aufeinander treffen. Dann stellen sich mir die Fragen: „Was war, was ist, was wird in Zukunft sein, was kann ich daraus lernen?" Sackgasse heißt: 8000 Euro Vision nebenberuflich, finanziell frei sein, Sicherheit – adé!

Leben in guten Zeiten heißt auch für Krisenzeiten Vorsorge betreiben. Unbegrenzte Zeit steht uns jedoch nicht zur Verfügung. Wir müssen das tun, was Motivation in uns wach ruft. Es ist ein guter Zeitpunkt neuen Wind zu zulassen. Gewaltige Kräfte werden auch dir zufließen, wenn du deinem Ziel näher kommst.

Wir müssen Prioritäten setzen, wenn wir hinter dem Wandelbaren eine sichere, stabile Grundlage finden wollen. Ein guter Rat: Nicht warten, bis das Konto leer ist und das Lachen vor Sorgen vergeht! Entwerfe Plan B, wenn Plan A noch funktioniert.

*Lachen und Spaß sind Nahrung für die Seele!*
*(Jürgen Höller)*

Was verstehen wir eigentlich unter dem Begriff Network/ Empfehlungs-marketing? Ich schreibe jetzt schon viele Sätze von Chancen, Freude am Tun, Gemeinschaft, Produkten, Konzepten und Geldverdienen. Aber was bedeutet dieses neue Wirtschaftssystem?

Es ist eine ideale Möglichkeit, eine Revolution des Arbeitsmarktes. Ich erkannte es als die Chance zur Selbständigkeit, der Existenzgründung und zum Zweit-Einkommen. Kurz gesagt: Es ist der schnellste Weg eines Produktes vom Hersteller zum Kunden. Ein langer Vertriebsweg mit vielen Kosten wird ausgeschlossen. Von unzähligen Unternehmen wird durch ver-schiedene Vertriebskonzepte ein Kunden/Partnernetz aufgebaut. Produkte werden auf Dauer durch Auslieferungssysteme bewegt und daraus können sich passive Einkünfte auf lange Zeit ergeben.

Passive Einkünfte sind Bezüge, die sich wie bei einem Verkauf eines Buches oder einer CD als Provision/Boni realisieren lassen. Es wird einmal die Arbeit getan und wenn das Produkt in großer Auflage verkauft wird, entstehen Umsätze, wovon ein Anteil an denjenigen ausgeschüttet wird, der den Umsatz angestoßen hat.

Das Großartige an der reinen Form des Empfehlungsmarketings ist, dass man ein stabiles, vor allem passives Einkommen, wie zum Beispiel Tantiemen, aufbauen kann. Für mich ein faszinierendes Wirtschaftssystem, das für viele Menschen Lösungen anbietet, und mich begeistert.

Es gibt inzwischen in Deutschland und Europa viele hundert Unterneh-men mit Milliarden Umsätzen, die mit dieser Konzeption des Empfehlungs-marketings arbeiten, Tendenz steigend, denn jeden Tag kommen mehr Aktive dazu. Nicht nur im Bereich Nahrungs-Optimierung oder Beauty, „activate your body" von cellRESET (www.cellreset.biz) ist es ein großes Thema, sondern auf vielen verschiedenen Gebieten, sodass jeder für sich das Richtige finden kann. Einige Beispiele, die da wären: Mode, Jeans, Dessous, Erotikprodukte, Bücher, Telekommunikation, Versicherungen, Wasseraufbereitung, Haushaltswaren, Schmuck, und – ganz neu – Edel-metalle zur Absicherung für kommende, schwieriger und unsicher werdende Zeiten zur privaten Rentenvorsorge oder auch blaue Beeren mit Wunderwirkung, wie Wissenschaftler bestätigen.

*Arbeitstreffen cellRESET im Odenwald*

Mein Partnerunternehmen ist unter anderem aktiv mit einem einzigartigen Ernährungskonzept, mit dessen Hilfe man ein besseres biologisches Alter erreichen kann. Die Ernährung wird mit Produkten optimiert und sensationelle Ergebnisse werden ans Licht gefördert. Es macht Freude zu sehen, wie Menschen plötzlich wieder ein Strahlen in den Augen haben, weil die Lebensgeister geweckt sind und ein Gewinn für optimale Lebensqualität eingetreten ist.

Jeder kennt den Ausspruch: „Der Tod sitzt im Darm." Der Darm wird auch die Kanalisation des Körpers genannt, die Entstehung von Krankheiten liegt oft dort, wo die Reinigung nicht mehr funktioniert. Ein sehr hoher Prozentsatz der Menschen, besonders Frauen, leidet unter Darmträgheit bis zur Verstopfung. Übersäuerung, Überalterung der Körperzellen sind der Ursprung vieler Krankheitssymptome. Mehr Energie und besserer Schlaf sind weltweit die großen Bedürfnisse, Gründe gibt es dafür sicher viele verschiedene. Gesundheitliche Prävention für die Leistungsfähigkeit der Mitarbeiter von Firmen gewinnt allgemein immer mehr an Bedeutung und ist für die Zukunftsfähigkeit des Wirtschaftsstandortes Deutschland und sicher auch international nicht mehr wegzudenken. Die Liste der Angebote und Möglichkeiten kann man noch ausbauen.

Wichtig aus meiner Sicht ist es, mit hochwertigen, einzigartigen Produkten mit Alleinstellungsmerkmalen zu arbeiten, die in einem Trendmarkt angesiedelt sind. Das richtige Produkt ist wie Wasser in der Wüste. (www.1137241.go4pm.com). Auch wechseln Partner oft ihr Unternehmen, weil sie sich bessere Chancen in einem anderen Team ausmalen. Meistens sind es jedoch Teammitglieder, die ihre Ziele nicht erreicht haben. Besonders wenn sich neue Unternehmen in Deutschland ansiedeln, bekommt man den Eindruck: Die Karawane der Networker zieht weiter.

Im Empfehlungsmarketing sollte ich immer souverän bleiben. Mein Gegenüber hat Kopf und Bauchgefühl, oft passt es nicht zusammen. Die Frage drängt sich auf: Woran zweifelst du? Was fehlt dir noch an Informationen? Was hat dir am besten gefallen? Ich kann Geduld haben und zu einem anderen Zeitpunkt bei diesem Kontakt nochmals anklopfen oder aber ich agiere mit der direkten Aufforderung: Nur wer etwas ausprobiert, kann erkennen, ob es gut und geeignet für ihn ist.

Ein Risiko ist bei den meisten Konzepten im Empfehlungsmarketing nicht vorhanden, große Investitionen sind ausgeschlossen. Im schlimmsten Fall hat man mit dem geringen Einstiegsbetrag etwas Tragbares erstanden, man fördert die eigene Gesundheit, oder man hat für eine sichere Zukunft im Bereich Absicherung von Geld und neuem Wissen etwas für eine bessere Lebensqualität getan. Wen man schlau macht, den kriegt man nicht mehr dumm! Und, Wissen bringt Vorsprung, habe ich verstanden.

Doch auch ich lernte Sponsoren kennen, die finanziell das Blaue vom Himmel versprachen. Versprechen, die Unternehmen nicht einhalten können und welche an der Realität vorbei gehen. Wunsch und Wirklichkeit driften oft weit auseinander, denn meinen Erfolg muss ich mir selbst erarbeiten. Die Firmen stellen ein Geschäfts Konzept zur Verfügung, bildlich gesprochen: Ich bekomme ein Auto, aber fahren muss ich selbst.

Bei vielen Unternehmen gibt es die dreißig-Tage-Geld-zurück-Garantie, also: Nichts ist passiert, sollte dir nicht gefallen, was du jetzt kennen lernst, kannst du dich innerhalb dieser Frist wieder davon trennen. Glück und Zufall dürfen nicht über meine Chance entscheiden. Ich setze mir ein Ziel und gehe gemeinsam im Trend mit anderen meines Teams, damit helfe ich meinem Glück auf die Sprünge, wenn sich neue Chancen eröffnen.

Das System arbeitet für mich. Ich kann Fragen beantworten, wie:

Wie bekomme ich die Produkte günstiger oder kostenfrei?

Wie bekomme ich ein Auto gefördert oder kostenfrei?

Wie bekomme ich einen Urlaub kostenfrei?

Gerechtigkeit in Vergütungssystemen ist das, was die Unternehmen in diesem Vertriebszweig so stark macht. Es kommt nicht darauf an, woher du kommst, sondern wohin du willst! Aus diesem Grunde ist es eine Möglichkeit für viele, die eine neue Chance suchen.

Klären musste ich für mich: Warum sollen sich andere mir anschließen? Ich fertigte eine Liste an, fand dreißig positive Punkte für mich, die mir auf meinem neu eingeschlagenen Weg Sicherheit geben konnten. Denn wenn ich nicht losgehe, habe ich null Chance, wenn ich aber starte, habe ich mindestens eine ein Prozent Chance mich zu verbessern.

Wir alle sind verantwortlich für das, was wir tun, oder auch nicht tun, für unsere Gedanken und Gefühle. Negative Gedanken sind auf Dauer zerstörerisch, positive Gedanken und Gefühle helfen mir bei der Umsetzung meiner Pläne und Ziele. Der Mut steht am Anfang, das Glück am Ende! Und je mehr ich übe, je mehr Gelingen stellt sich ein!

In keiner anderen Branche sind mir so viele begeisterte Menschen begegnet, wie im Network Marketing. Make money and be happy! Es ist eine revolutionäre Entwicklung.

*Team cellRESET Polen*

Ein guter Verkäufer zu sein, ist seit jeher ein ehrenwerter Beruf – werden wir dem gerecht! Dein Unternehmen sollte dir ein Konzept anbieten, das du gar nicht *nicht* mitmachen kannst!

Natürlich ging es nicht immer nach oben, natürlich haben Partner wieder aufgehört dabei zu sein, natürlich gab es auch bei mir ab und zu Zweifel an meinem Tun, aber wer Kraft und Visionen hat, der gibt nicht kurz vor dem Ziel auf. Und so mache ich immer wieder weiter, wenn ich im Tal am tiefsten Punkt angekommen bin, um mein nächstes Zwischenziel zu erreichen. Es geht immer wieder darum, Schwächen zu minimieren und Stärken zu maximieren. In schwierigen Situationen schütze ich mich vor negativen Leuten, wie vor einer Grippe. Mein Leitspruch hilft mir dabei:

*Einer fängt an, alle bringen es zu Ende*
*(Spruch aus dem Norden)*

Der richtige Weg ist immer der nach vorne! Dieses Geschäft hat nichts mit Arbeit zu tun, sondern mit Information! Wir alle wachsen mit den Aufgaben und Herausforderungen, die an uns gestellt werden. Davonlaufen, weil ich nicht glauben will, dass es funktioniert, ist nicht mein Weg gewesen. Was geschieht, wenn ich nichts verändere und nicht aktiv werde?

*Ob du die nächsten Monate*
*als Motor oder als Bremse benutzt, liegt bei dir!*
*(Henry Ford)*

Außerdem gibt es viele gemeinsame Aktionen, Treffen, Seminare, die neu motivieren und Kraft geben, weiter zu gehen. (Info: works-co@ zeitenwende.biz)

Manchmal fällt es mir schwer die Zeit zu erübrigen, hunderte Kilometer an einen Abend oder das Wochenende zu investieren, um an einem dieser Treffen teilzunehmen. Kehre ich doch, nachdem ich mich zur Teilnahme entschlossen habe, meistens voller Elan, Energie und Tatendrang zurück. Mein Sponsor ermutigte mich eines Tages und sagte: „Komm in die Wärme des Teams." Soll heißen: Mach aus Demotivation Motivation!

Ja, das hat was, ich gebe es zu. Und es stimmt, entweder ich brauche das Team oder das Team braucht mich! Es ist und sollte immer eine WIN WIN Situation ergeben. Ist die Gruppe dynamisch, wird das Ziel, ein gutes Geschäft, schneller, mit Freude und Begeisterung erreicht. Der Entwicklung Führungsqualitäten zu erreichen, steht nichts entgegen.

Wiederholt kommt es in Gesprächen, wenn Menschen zu Partnern werden wollen, vor, dass Einwände vorgebracht werden wie:

„Ich muss darüber nachdenken."

„Ich muss meine Frau / meinen Mann fragen."

„Ich weiß nicht, ob es funktioniert."

Hallo! Ob es funktioniert, weiß man, wenn man es ausprobiert. Dass es funktioniert, haben schon viele Menschen vor dir und mir bewiesen. Man kann auch alles zu Tode analysieren.

Was soll dein/e Partner/in dir raten, wenn er/sie doch viel weniger Informationen hat als du? Worüber willst du nachdenken, es ist doch alles gesagt? Starte ohne Risiko, wo ist das Problem? Was fehlt dir noch an Informationen?

*Nicht wollen ist der Grund! Nicht können nur der Vorwand!*

*(Seneca)*

Das ist der Moment, sich selber an den Kopf zu fassen und eine Entscheidung zu treffen, entweder ja oder nein zu sagen. Wichtig für deine Entscheidung sind die verfügbaren Fakten.

Hast du schon mal von der FOR-DEC Methode in der Luftfahrt gehört? Für mich ist es sehr hilfreich, um in allen Lebenssituationen eine Entscheidung herbei zu führen. Ich möchte nicht in einem Flieger sitzen, der rüttelt und vom Kurs abkommt, und der Pilot muss erst seine Frau anrufen oder überlegen, eine Nacht darüber schlafen vielleicht, um eine Entscheidung zum Handeln zu treffen!

FOR DEC steht für:

FOR
**F**act-Information
**O**ptions-Handlungsalternativen
**R**isk/Benefits-Risiko/Nutzen

DEC
**D**ecision-Entschluss
**E**xecution-Ausführung
**C**ontrol-Kontrolle

Man bekommt Informationen, checkt sie ab, trifft eine Entscheidung und handelt, und führt eine Kontrolle von Zeit zu Zeit durch. Deine eigene Zielplanung hilft dabei und wenn es Probleme gibt, hat jeder seinen Sponsor oder eine Upline, die erreichbar ist, um Probleme zu klären oder weiter Fragen zu beantworten und Hilfestellung zu geben.

## Love it or leave it

Ich frage die Menschen im Team, die schon viel erreicht haben, wie es funktioniert. Das gibt mir die Sicherheit, dass es möglich ist, sich in dem Plan weiter zu entwickeln und Geld zu verdienen. Es ist an der Zeit Arbeit neu zu denken und Verdienstmöglichkeiten zu analysieren, soweit es möglich ist. Aber, wer nicht anfängt, wird nie ankommen, dort, wo man hin will, im Vergütungsplan nach oben! Love it or leave it! Ich lasse Bauchgefühl und klaren Verstand zu und treffe meine Entscheidung.

Erfolg klopft nicht an die Tür und ruft: Lass mich rein, ich will zu dir! Das gute Gefühl, die Sicherheit, die Verbundenheit zu einem Unternehmen, für das du deinen Einsatz an Zeit, Energie und Begeisterung bringen willst, musst du dir selber holen.

2,1 Millionen Menschen in Deutschland haben bereits einen Nebenjob. Fast 400.000 neue Interessenten gibt es pro Jahr. 156 Millionen Menschen arbeiten weltweit aktuell im Network Marketing! Diese Branche hat 200.000 Millionäre hervorgebracht. Als man Bill Gates und Ronald Trump bei einem Interview fragte, was sie täten, wenn sie nochmals die berufliche Wahl hätten, antworteten beide: Sie würden im Network Marketing arbeiten. Das Publikum lachte. Daraufhin sagte Ronald Trump: „Siehst du, das macht den Unterschied, dass du dort unten sitzt und ich hier oben." Das Empfehlungsmarketing bietet viele gute Möglichkeiten etwas zu tun, was Freude und Geld ins Haus bringt, ohne große Investition. Es ist eine Branche, die sich mit viel Dynamik dupliziert.

Wenn wir uns auf das konzentrieren, was wir können, bekommen wir ein Gefühl für die Chancen, die wir haben. Jeder kann es schaffen, jeder, der den Willen dazu hat kann ein fertiges Konzept nutzen, elementare Dinge tun und Boni bekommen.

Erfolg im MLM ist das direkte Ergebnis aus deinen Fähigkeiten überzeugend zu kommunizieren. Sprich niemals ohne Beziehung oder Bedarf über dein Anliegen, dein Geschäft, dein Angebot, ohne vorher den Bedarf zu ermitteln durch gestellte Fragen.

Wichtig ist mir dabei, was andere davon haben, dass es mich gibt! Nutzen für beide soll vorhanden sein, eine aufrichtige WIN WIN Situation. Hin und wieder wird sogar Freundschaft aus geschäftlichen Beziehungen, die auf einer guten Basis entstanden sind. Erfolg und Vertrauen musste ich mir bei meinen Kunden und Partnern verdienen, Empfehlungen waren und sind immer noch das Ergebnis.

*Du bist erfolgreich, wenn du deinen Nächsten zu Handlungen bewegen kannst, die seine und deine Lebensqualität steigern.*
*(Willi Wende)*

Immer wieder begegnen mir Menschen, die eine Nebenbeschäftigung benötigen, da finanzielle Not oder das Finanzamt die Existenz bedroht. Besonders Frauen leben in dieser Bedrohung und Deutschland bietet ihnen nicht genug Möglichkeiten. Aber wenn die Hütte brennt, macht es keinen Sinn eine Selbsthilfegruppe zu gründen oder Gegenargumente heran zu ziehen, wie: „Ach nein, das ist ja so was wie ein Schneeballsystem." Oder: „Hallo! … wir arbeiten auch im Sommer!" Schneeballsysteme sind in Deutschland nicht zugelassen, da illegal. Kannst du erklären, was man mit diesem Begriff meint? Ausführliche Informationen gibt es darüber im Internet, für jeden nachzulesen.

Mein Partnerunternehmen hat sich den Marketingplan einfach und für jeden durchschaubar erstellen lassen. Vier, seit Jahrzehnten unbescholtene und erfolgreiche Unternehmer wollen natürlich Geld mit ihrer Idee verdienen. Dafür reisen sie durch die Lande und geben Lernwilligen das entsprechende Know How weiter. Die Aufgabe heißt: Ich sorge für mich und helfe dann anderen auch für sich zu sorgen. Dafür werde ich entsprechend meiner Leistung belohnt. Es beginnt möglicherweise ein neues Leben für mich, wenn ich das Konzept innerhalb der Vorgaben umsetzen kann.

## Menschen, die zu mir passen

Das Team, das unter mir entsteht, ist mir sehr wichtig! Es geht mir darum, Menschen zu finden, die nahezu so denken und ticken, wie ich. Ich möchte mit Menschen arbeiten, die ähnliche Ziele haben, mit mir am gleichen Strick ziehen. Ich biete etwas, eine Chance, ein Produkt, eine Vision an – ich biete, aber ich bitte nicht!

Es ist schön und manchmal auch schwer, die richtigen Menschen zu finden, die zu mir und meinem Geschäft passen. Wenn ich mich nicht traue jemanden zu fragen, ob Interesse an einer zusätzlichen Einkommensquelle besteht, dann hat er sich vielleicht schon für ein anderes Unternehmen entschieden. Ich musste lernen und zulassen, dass Menschen sich für mich entscheiden, dafür muss ich Menschen mit Seele, Herz und dem richtigen Bauchgefühl suchen. Auf dieser Suche habe ich wunderbare Leute getroffen, die mir sonst niemals begegnet wären.

Als Sponsor habe ich die Aufgabe zu fordern und zu fördern. Ein lebendiges, schöneres Leben kann entstehen, denn gemeinsamer Erfolg erzeugt Energie, Flow, Glücksenergie. Sei gut drauf, habe Ziele und Träume, und auch Mut, Disziplin, Ausdauer und Leidenschaft. Durch gute Stimmung steigt die Motivation, bei schlechter Stimmung fällt sie umso tiefer. Ich denke manchmal: Was für einen Tag haben wir heute? Es ist HEUTE, mein Lieblingstag, und los geht's!

Viele von uns sind mit der Konditionierung aufgewachsen, die da heißt: Für seinen Erfolg muss man *hart* arbeiten! Nein! Qualitativ gut muss die Arbeit sein auf dem Weg zum Erfolg! Aber, warum nicht das aufnehmen, was diese neuen Wirtschafts-Konzepte im Empfehlungsmarkt bieten? Wir leben im Zeitalter der Information und Emotion. Es ist eine Branche, *die* Branche, die es möglich gemacht hat, dass Tausende von Vertriebspartnern mit Spaß und Freude ihre Arbeit tun, eine exzellente Information bekommen und eine komfortable Botschaft weitergeben. Es zählt das Miteinander, nicht das Gegeneinander! Es gibt Konzepte, die zum Wohle der Menschen dienen. In welcher anderen Branche gibt es etwas Vergleichbares?

Wichtig ist und war mir immer, anderen Menschen mit Respekt zu begegnen. Anerkannt wurde ich oft, weil ich für meine Sache mit Fairness gekämpft habe. Ich darf zwar mal versagen, aber aufgeben darf ich nie! Unsere Welt verändert sich, ich bleibe ein Teil davon, wachse und verändere mich mit!

Wie habe und was habe ich in meinem Leben verändert?

- Ich habe meine Themen in Unterhaltungen verbessert.
- Ich besuche Seminare.

- Ich lese Fachbücher, über Gesundheit und Wasser, auch über Kapitalanlagen und Investitionen
- Für Gold und Silber habe ich ein Faible entwickelt.
- Ich begegne Menschen auf gleicher Augenhöhe.
- Ich lese Biographien über erfolgreiche Menschen, die ich bewundere und von denen ich lernen kann

*Zusammen kommen ist ein Beginn,*
*Zusammen bleiben, ein Fortschritt,*
*Zusammen arbeiten, ein Erfolg.*
*(Henry Ford)*

Was hindert manche von uns, diesen komfortablen Weg im Empfehlungsmarketing zu gehen? Ist es die Mühe, die Komfortzone zu überschreiten, die Bequemlichkeit, die verhindert, sich weiter zu entwickeln? Die Paradigmen, die von anderen vermittelt werden und in unserem eigenen Kopf rumschwirren?

Die persönliche Weiterentwicklung ist die Voraussetzung für den Erfolg in dieser neu entstandenen Branche. Wenn man sich umschaut, wird man Menschen sehen, die vom Misserfolg geplagt sind, unzufrieden, arbeitslos, pleite, aber behaupten, alles zu wissen. Dagegen gibt es auf der anderen Seite Menschen, auch jenseits der fünfzig, die neugierig geblieben sind und Erfolg mit Glück vereinen, denn sie wissen: Das Leben ist zu kurz für ein langes Gesicht! Ich hätte diese Chance des Empfehlungsmarketing gerne früher kennen gelernt. Welches Glück haben all die jungen Leute, die dieser Branche mit ihren Chancen bereits frühzeitig begegnen, denn die Zeit spielt für sie. Meinen beruflichen Weg hat Network Marketing jedoch erst sehr spät gekreuzt. Ich bewegte mich bis dahin in einer anderen geschäftlichen Welt.

Dennoch habe ich einen Vorsprung von Erfahrungen und Erfolg in den vergangenen Jahren sammeln dürfen, einen Fortschritt, den ich gerne anderen vermittle. Dort, wo andere Menschen stehen, hole ich sie ab. Mein Helfersyndrom kommt mir dabei zur Hilfe: Was ich weitergebe, muss einen Sinn machen, es muss in die Entwicklung der Zeit passen, es soll Chancen geben, eine neue berufliche Basis zu ermöglichen, Mut machen und Lebensfreude aktivieren, meinem Gegenüber einen Schritt weiter in eine bessere Zukunft verhelfen. (Info: works-co@zeitenwende.biz). Dazu brauche ich exzellente Produkte und ein perfektes Konzept.

Ich bin überzeugt davon, auch die Gesundheit ist keine Frage des Glücks, jeder kann etwas für seine körperlichen Befindlichkeiten und seine Fitness tun. Also suchte ich ein Unternehmen, das mir das Vertrauen gibt, meinen Kunden und Partnern etwas ganz Besonderes, nicht Kopierbares anbieten zu können.

## Produkte, die zu mir passen

Gesundheitliche Prävention ist sicher nichts für Menschen die beratungs-resistent sind, aber ein Thema für viele andere da draußen, die den Wert erkennen und ahnen, dass unser Gesundheitssystem nicht mehr alles regeln kann und man auf der Strecke bleibt, wenn man nicht selbst aktiv wird. Die Vorstellung: „Lieber Herr Doktor, ich hab mich krank gemacht, mach mich wieder gesund", funktioniert nicht. Die Pharmaindustrie kümmert sich um Krankheiten mit mehr oder weniger Erfolg. Wir helfen Menschen, die interessiert sind, sich mit Hilfe von Prävention gesund-heitlich und finanziell zu verbessern. Wenn die Energiespeicher leer sind, sollte man sie auffüllen. Neue Konzepte bieten auch eine nachhaltige Lösung zur Gewichtsregulation und zum Abnehmen.

Reines Wasser ist und bleibt ein großes Thema. Sendungen der Fernsehanstalten, die die Problematik der Wasserqualität erklären und die Menschen aufrütteln sollen, gibt es immer häufiger. In Zeitungen, die sich mit dem Thema auseinander setzen, sind Trinkwasserwarnungen aktuell immer wieder zu lesen. Herr Steinbrück erwähnte in einem seiner be-gehrten Vorträge: „Wegen Trinkwasser werden zukünftig Kriege geführt werden." Mein Eindruck ist jedoch, dass das Interesse noch vielfach dafür fehlt. Eher schaut man weg, anstatt zu handeln. Jeder weiß es, keiner tut was. Noch geht es ja gut, das ist die allgemeine, doch weitgehend riskante Denke.

Welch ein Glück, schon jetzt mit sauberem, glasklaren Wasser versorgt zu sein, ohne Bakterien und Verunreinigungen, wie Medikamentenrück-stände, Hormone, Viren, Keime, Drogen, Pestizide, Uran – man könnte die Liste noch weiter führen. Ein paar Empfehlungsmarketing Unternehmen haben mit bestmöglichen Entwicklungen von Geräten für saubere Trink-qualität gesorgt.

Lesen wir nicht immer wieder in den Medien: „Hormone in der Plastik-flasche", „Blei im Wasser", „Unser Wasser, kostbar und krank machend"? Wann erkennen junge Mütter den Nutzen für die Gesundheit ihrer Kinder? Unser Körper ist der Filter und reines Wasser sorgt für die Reinigung der Zellen. Es ist eine Investition in unsere Gesundheit.

Die UNESCO hat 2003 weltweit 122 Länder ins Visier genommen und bei dem Ranking der Wasserqualität ist Deutschland auf Platz 57 gelandet. Hättest du das gedacht? Immer mehr Menschen erkennen diesen Wert, die Vorteile und den Nutzen durch reine Trinkwasserqualität. Durch Empfehlungsmarketing werden die Menschen durch mich auf persönlicher Basis informiert und für die Aufklärung werde ich entlohnt, wenn ein Umsatz daraus generiert wird.

Wir leben in spannenden Zeiten der Veränderung. Schwierige Zeiten machen die Menschen kreativ, weil sie sich zum Überleben etwas einfallen lassen müssen und wollen! Menschen, die in ihrem Leben schon Groß-artiges geleistet haben, gründen Network-Firmen, in denen sie ihr Wissen, ihre Erfahrung an andere weitergeben können und somit die Zukunft vieler Menschen verbessern können, natürlich nicht uneigennützig. Oft geht es dabei auch um Aufklärung, neue Botschaften. Es gibt so viele Dinge, die zumindest ich nicht wusste, welche diese Branche mir vermittelt hat. Ein ewiger Lernprozess und Wissensvermittlung. Die Wahl, was aus diesen Informationen wichtig ist, trifft jeder für sich selbst. Erfolg ist kein Zufall, man ist aufgerufen etwas dafür tun.

Ich habe erkannt, die politische Entwicklung birgt sehr viele Unsicher-heiten. Viele von uns suchen eine Alternative und die Möglichkeit, nicht nur ihre gesundheitliche, sondern auch ihre finanzielle Lage selbst in die Hand zu nehmen.

Zirka vierhunderttausend Menschen suchen jährlich auf den Internet Plattformen einen Nebenjob, Tendenz steigend. (www.zeitenwende.biz). Wir helfen Menschen, die interessiert sind, sich eine weitere Einkommens-quelle aufzubauen. Auf der einen Seite bieten wir die Möglichkeit sich durch Optimierung der täglichen Nahrung den eigenen Körper fit, gesund und leistungsfähig zu erhalten, auf der anderen Seite das verdiente Geld krisensicher in ein eigenes Vermögen zu investieren, das mehr Bestand hat als Papier, sodass die gesundheitliche Verbesserung noch aufgewertet wird, durch eine optimale Lebensqualität.

„Geld verreckt immer" ... ein Buchtitel, der mich aufgerüttelt hat. Warum nicht in Echte Werte, Gold und Silber investieren, Edelmetalle, die Bestand haben, was immer auch passieren mag? Papier verreckt immer ... viele Menschen der älteren Generation haben es bereits erfahren. Selbst meine Großmutter sagte vor Jahrzehnten schon, obwohl unerreichbar für sie: „Gold ist das bessere Geld!"

Auch auf dem Gebiet Absicherung von Geld, Vermögen, Aufbau einer wertbeständigen Rente, gibt es einen Anbieter im Bereich von magnetischem Marketing, der bewirkt, dass ich mir auch mit wenigen Mitteln ein finanziell wertiges Polster aufbauen kann, eine private Rente, der Wert hinterlegt mit Edelmetallen. Eine besondere Herausforderung für Menschen, die nicht auf die gesetzliche Rente vertrauen, sondern selbst Verantwortung für sich übernehmen wollen. Weglegen heißt – nicht verleben.

Ich habe meinen Wert erkannt und bezahle mich selbst mit einer Rücklage aus Edelmetallen für meine hoffentlich gute und gesunde Zeit im Alter.

Das Konzept bietet mir die Möglichkeit immer etwas Wertbeständiges in mein eigenes Schächtelchen zu tun. Ich erschaffe mir die Möglichkeit, im Rahmen einer Einkaufsgemeinschaft günstige Konditionen für einen kleinen oder großen Vermögensaufbau, gebe die Information an andere weiter und ... kann damit Neugeschäft über die Vermittlung zum Unternehmen generieren. Ein Vorteil dabei ist: Es hat einen steuerlichen Aspekt und kann sogar als „Betriebliche Altersversorgung" in Unternehmen eingesetzt werden (frage deinen Steuerberater). Es ist ein Konzept, das Vorteile für alle Beteiligten bietet. Jeder Networker, Unternehmer, Angestellter, alleinerziehende Mutter, Auszubildender, Rentner kann das Konzept nutzen, auch, um das Alter mit einer Edelmetall gedeckten Rente abzusichern.

Nach neuen Erkenntnissen eines bekannten Wirtschaftsjournals haben „DIE" Deutschen null Bock auf Vorsorge für das Alter. Als wir jung waren, war uns klar: Die Rente ist sicher und wir haben einen Bausparvertrag, drei Lebensversicherungen, neben mehreren Fahrzeugen, dreimal im Jahr Urlaub und das anstehenden Erbe von unseren Eltern in Aussicht. Doch die Situation sieht heute ganz anders aus. 28 % der Menschen in Deutschland haben gar keine Rücklagen, noch Vermögen. Die Alten verleben ihr Geld in diesen Zeiten selbst. Die Altersversorgung der jungen Menschen muss heute oft abgespart werden. Aber wo macht eine Rücklage noch Sinn? Lebensversicherungen verlieren immer mehr an Wert (nach zehn Jahren bis zu 30 % minus oder mehr) … Ist denn das normal? Die Menschen sind verunsichert. Festgeld bringt fast keine Zinsen. Dass Gold und Silber im Wert steigt ist sehr wahrscheinlich, bei Versicherungen gibt es vermutlich keine Hoffnung.

Wird der Euro auf die nächsten Jahrzehnte gesehen durchhalten? Viele denken vielleicht: Dann tue ich mal besser nichts, wer Geld hat, lässt es mit Verlust auf dem Giro liegen oder gibt es aus. Ein Teil der Menschen beschäftigt sich eine Minute im Jahr mit der eigenen Finanzsituation, indem sie eine Akte, die per Post kommt, zu ihren Unterlagen in den Ordner abheften, wenn überhaupt. Mir bereitet es hingegen Freude Edelmetalle einzukaufen und zu wissen, es ist ein Teil meiner Altersversorgung. (www.GoldSilberNetRente.nlfy.eu)

*NLFY KICK OFF 2013: Tochter des Firmengründers Maike Luitz und Wirtschaftsjournalist und Börsendino Hermann Kutzer*

*Der Euro fliegt in die Luft,*
*wenn die anderen Länder nicht anfangen zu reformieren.*
*(Angela Merkel, Bundeskanzlerin)*

Dieses Statement wirkt nicht sehr beruhigend auf mich. Es gibt Network Unternehmen, die mit einzigartigen Konzepten bei der Umsetzung helfen Rücklagen zu bilden und durch die Gemeinschaft optimale Konditionen ermöglichen, sogar steuersparend. Gleichzeitig sorgen sie für besondere Rentenprogramme für ihre Vertriebspartner. Es werden Türen für Menschen geöffnet, die in früheren Zeiten für viele von uns verschlossen waren. (www.GoldSilberNetRente.nlfy.eu) Zum Beispiel privater Rentenaufbau mit Edelmetallen, immer verfügbar, wenn es gebraucht wird. Gold und Silber, eine Möglichkeit, die in anderen Zeiten nur für betuchte Leute denkbar war.

Aktuell befinden wir uns weltpolitisch gesehen in einer Krise, man kann es auch Schieflage nennen. Diese Worte hören und lesen wir jeden Tag. Der Duden sagt dazu: „Krise: eine Zeit des Gefährdetseins, ein Wendepunkt, die Sackgasse, ein Schlamassel." Das gilt nicht nur für die internationale wirtschaftliche oder Banken Situation, sondern auch für viele Menschen im privaten Umfeld, die sich in einer Schieflage befinden. Es stehen Veränderungen im Währungssystem und in den Gesetzen bevor. Schon davon gehört? Diese Art der Lebensphase ist ungesund.

Doch in unserer Region Deutschland bieten sich uns viele Chancen, die andere Menschen in anderen Gebieten der Welt nicht haben können. Wir können alle unser Leben in die Hand nehmen. Nicht warten, sondern starten, etwas verändern, was uns eine verbesserte Lebensqualität einbringt. Nie aufgeben, wenn es auch manchmal hoffnungslos erscheint. Wir sind aufgerufen es mit Entschlossenheit so zu gestalten, wie es uns gefällt, auf lange Sicht. Empfehlungsmarketing ist dazu ein Schlüssel, ein relativ einfacher Weg.

Ein Lieblingszitat von Boxer Klitschko auf die Frage, ob er wegen der Wirtschaftskrise Probleme habe?

*„Amateure jammern. Profis arbeiten."*

Ich suche grundsätzlich nach den Besten in der Branche, arbeite nie mit Unternehmen, die andere kopieren, nehme Seminare wahr und sorge dafür, dass meine Informationen für die Menschen, die sich mir anschließen wollen, fundiert und sicher sind.

Ethik im Geschäftsleben steht für mich an oberster Stelle, Sicherheit und Vertrauen sind Voraussetzungen. Ein Unternehmen, das sich mit der Erreichung von Zielen von Menschen, für Menschen, mit Menschen und Freude am Tun einsetzt. Ich gebe mein Bestes für andere und auch da gilt: Schau genau hin, es ist nicht alles Gold, was glänzt!

Das Gefühl der Sicherheit trägt mich. Ich bin auf einem guten Weg, habe die Unternehmen gefunden, die kein Wagnis bieten, sondern Produkte und Konzepte, die weltweit anerkannt sind und mir und anderen komfortable Möglichkeiten zur Weiterentwicklung und zu mehr Lebensqualität bieten. Erfolg auf Knopfdruck gibt es nicht. Es ist, als wenn Wasser die Boote hebt. Langsam steigt es an, es kommt Bewegung in die Sache und dann geht es schnell und leicht voran, fast wie von selbst. Passen muss deine Entscheidung zu dir!

Wirtschaftsjournalist Hermann Kutzer schrieb vor einigen Monaten über die Themen der Zukunft: „Unternehmen, die in der Lage sind sich auf die Veränderungen einzustellen, werden die zukünftigen Gewinner sein. Dazu gehören Produkte und Dienstleistungen für ältere Menschen. Ein weiteres Gebiet sind die großen Themen um den Wasserverbrauch, die Wasserqualität und die ausreichende Versorgung mit gereinigtem, sauberem Trinkwasser. Die Gesundheitsbranche gilt lt. Studien als eine der wenigen wirklichen konstanten Wachstumsmärkte. Der steigende Wohlstand geht mit einer Zunahme von Volkskrankheiten wie Diabetes, Bluthochdruck oder Krebs einher."

Für mich stellt sich die Frage: Wo will ich stehen, womit will ich mich beschäftigen, womit will ich mein weiteres Leben gestalten? Wo sehe ich für mich und andere die Möglichkeiten, sich gesundheitlich und finanziell zu verbessern? Wie kann ich vorbereitet sein auf meine Zukunft, mein Alter und auf ein neues Welt System? Wie kann ich meinen Lebensstandard erhalten und den Tagen, die ich lebe, mehr Fülle und Leben geben?

*Wenn du ein Schiff bauen willst, dann trommle nicht die Männer zusammen, um Holz zu beschaffen, Aufgaben zu vergeben und die Arbeit einzuteilen, sondern lehre sie die Sehnsucht nach dem weiten endlosen Meer.*
*(Antoine de Saint Exupéry)*

Was kann ich tun und womit kann ich attraktiv sein für andere? Die Branche des Empfehlungsmarketings gibt mir Anreize dazu. Unsere Regierungen werden diese Probleme der Menschen nicht lösen können, im Gegenteil. Meiner Meinung nach ist nicht gewollt, dass der Einzelne erfolgreich ist. Satte Menschen trumpfen nicht auf, die träge Masse wehrt sich nicht, sondern ist leidensfähig. Abhängigkeit schafft Macht. Auch Freunde und Familie wollen unsere Veränderung oft nicht, denn wir leben in einer Neidgesellschaft. Veränderung hingegen ist unbequem.

*Das Vergleichen ist das Ende des Glücks*
*und der Anfang der Unzufriedenheit.*
*(Sören Aabye Kirkegaard)*

Ich fühle mich verantwortlich für meine eigenen Ziele, Träume und Visionen. Ich sehe meine Möglichkeiten in einer Branche Network Marketing-Empfehlungsmarketing", als die Gelegenheit für jeden Aktiven, ein kleines oder großes Geschäft aufzubauen. Es ist eine Branche, die Existenzprobleme durch umdenken und weitersagen lösen kann. Das Potenzial in dieser Branche ist der Hammer!

Dazu gehört, dass ich mir professionelle Kommunikation aneigne, einfache Dinge beherrsche und diese Fähigkeiten immer einsetze für mich und mein Team. Gute Zusammenarbeit ist der Garant, denn ich bin nur erfolgreich, wenn meine Teampartner ebenfalls erfolgreich sind. Einsatz, Durchhaltevermögen, Vertrauen, Verantwortung für mein Tun und Innovationskraft sind für den gemeinsamen Erfolg unerlässlich.

Nelson Mandela gab zu bedenken:
*Wer sich niemals selbst befiehlt, bleibt ewig Knecht!*

*Gemeint ist damit:* Entweder wir können für eigene Ziele arbeiten oder ein Leben lang für die Ziele anderer.

Meine Gedanken drehen sich darum Lösungen zu finden. In Problemen zu denken gehört der Vergangenheit an.

Was treibt mich an? Wie kann ich mehr Geld verdienen, welche Möglichkeiten habe ich es zu mehren? Wie komme ich zu mehr Wohlstand und Überfluss? Ist meine Rente sicher? Wie erhalte ich meine größtmögliche

Freiheit? Wie fülle ich meine Energiespeicher, damit meine Energie in meine Projekte, meine Ideen, meine Arbeit, meine Selbstheilungskraft und meine Lebensqualität einfließen kann? Wie erreiche ich es, gesund, reich und glücklich zu sein und dass ich Spaß habe am Leben?

*Nur die Sache ist verloren, die man selbst aufgibt.*
*(Gotthold Ephraim Lessing)*

Warum Angst haben, vor dem Erfolg oder vor dem Scheitern?

Was würde dein Leben verändern können? Manchmal lohnt es sich Selbstzweifel zu überwinden und die Programmierung durch das eigene Umfeld zu verändern. Man kann zur Horde gehören oder eigene Wege gehen. Für mich hat es sich gelohnt den Schalter umzulegen und die Sichtweise zu verändern! Auf Einwände wie:

„Das ist nicht seriös."

„Da gibt es Kopfgeld."

„Die Produkte sind nicht wirklich gut."

„Es ist zu teuer."

„Da verdienen nur die da oben."

... habe ich die Antwort:

„Das habe ich früher auch immer gedacht!"

Stammen doch diese Aussagen aus einem meistens unwissenden Umfeld.

Bei der Menge an Unternehmen in diesem Wirtschaftszweig ist es nicht einfach, das Richtige zu finden. Ich habe mich auf mein Bauchgefühl und meinen klaren Menschenverstand verlassen. Es hat mir geholfen einige Fakten zu beachten.

Ein Unternehmen sollte über einen geraumen Zeitraum bewiesen haben, dass es am Markt bestehen kann. Patentierte Produkte und Alleinstellungsmerkmale sind hilfreich.

Die drei Säulen sind von Bedeutung: Einzigartige Produkte, ein innovatives Management und eine perfekte Logistik sind unabdingbar für das Gelingen.

Das Vergütungssystem sollte gerecht und fair sein, einfach und klar für jeden verständlich und sich am Umsatz orientieren. Das Konzept sollte unbeschränkte Aufstiegsmöglichkeiten bieten, die Ausbildung ist meistens kostenfrei. Ein Unternehmen, das international aufgestellt ist, hat möglicherweise in Krisenzeiten bessere Chancen als andere.

Ich habe ein Unternehmen gewählt, das die Wurzeln in Deutschland mit hier hergestellten Produkten hat. Für mich eine Sicherheit, weil dieses Unternehmen vermutlich nicht überraschend dem deutschen Markt den Rücken kehrt und die Tore schließt. Außerdem ist das Gefühl „Made in Germany" bei mir und anderen immer noch ein Wertsiegel. Doch auch viele Firmen aus dem internationalen Umfeld bieten hervorragende Möglichkeiten und haben sich am Markt etabliert.

Wenn ich mich für ein Unternehmen aus einem anderen Teil der Welt entscheide, sollte es vor allem einen eigenen Firmensitz auch in unserem Land haben. Das gibt einem das Gefühl einer relativen Sicherheit in allen geschäftlichen Belangen.

Natürlich ist nicht jedes Unternehmen für jeden richtig. Manchmal muss man mehrere Anläufe nehmen, bis man das Unternehmen gefunden hat, das zu einem passt, wo es Wohlgefühl gibt, wo die Verdienstchancen richtig sind, wo das Konzept stimmig ist und dir für dich umsetzbar erscheint.

Wenn es zu Enttäuschungen kommt, liegen diese meist auf der menschlichen Ebene, da die Verbundenheit der Teammitglieder untereinander doch sehr verwoben ist. Besonders unangenehm trifft es viele Menschen, wenn derjenige, der sie ins Geschäft gebracht hat, plötzlich das Unternehmen verlässt. Es ist schwer zu verstehen, denn war es nicht dieser Mensch, der von Zielen, Träumen und Wünschen sprach und die Geschäftsmöglichkeit mit dem einträglichen Verdienst gepriesen und das Unternehmen promotet hat? Die Betroffenheit, der Schock und der Frust der Teampartner wandelt sich in Unsicherheit und plötzlich sinkt die Motivation, bis man sich wieder sortiert und gefangen hat, und die Vorteile seines Unternehmens wieder erkennen kann. Die Frage: „Wo stehe ich bei diesem Geschehen?", bringt viel Unruhe ins Team.

Hin und wieder lassen sich Teampartner auch bewegen, ebenfalls den bisher gepriesenen Wirkungskreis zu verlassen und ihrem Leader zu folgen. Meistens sind es nicht Gründe, die die Produkte betreffen, sondern die Erkenntnis, dass man das Erreichte jetzt in einem anderen Unternehmen neu einbringen und schneller zum finanziellen Erfolg kommen kann. Doch diesen Weg muss jeder für sich selber einschlagen und ebnen, bedeutet es doch Neuanfang, denn man beginnt wieder ganz unten bei Null. Die verbleibenden Teampartner müssen Verluste verkraften lernen, die Seite im Buch umschlagen und weiter geht es. Der scheidende Leader ist aufgerufen Fairness und Respekt seinem bestehenden alten Team entgegen zu bringen. Menscheln tut es immer und überall. Warum nicht auch in diesem Umfeld?

*Große Werke werden nicht durch Stärke,*
*sondern durch Ausdauer geschaffen.*
*(Samuel Johnson)*

Mittlerweile drängen sehr viele neue Unternehmen in dieser Network-Branche in den Markt. Auch dort lernt man ständig dazu und Konzepte werden an die neue Marktsituation angepasst, sodass Unternehmen, die zwar seit zwanzig Jahren auf dem Markt sind und sich dort bewiesen haben, zwangsläufig aufgerufen sind, ihre altgedienten Konzepte zu überprüfen, ob diese noch zeitgemäß sind und in die Landschaft des neuen Umfeldes passen.

Meine Erfahrungen der vergangenen Jahre in diesem Wirtschaftszweig helfen mir dabei, für mich das richtige und gut umzusetzende Konzept eines Unternehmens an meiner Seite zu finden. So beobachte ich auch das Kommen und Gehen von Partnern, deren Hoffnungen die Schwester der Verzweiflung sind. Die Hoffnungen, eine schnelle Lösung für ihre Probleme zu finden, die sich nicht im Flug erfüllen. Aber eine Beziehung, die sich nicht entwickelt zwischen einem Vertriebspartner und dem gewählten Unternehmen, ist vergänglich. Vor den Lohn haben die Götter den Schweiß gesetzt, soll heißen: Denke langfristig und warte nicht zulange mit dem Mut zur Veränderung und starte mit einem dieser neuen Möglichkeiten zu mehr Lebensqualität. Ich habe mich dazu entschlossen, die von mir gewählten Geschäftsgelegenheiten bis zu dem Tag zu nutzen, bis der liebe Gott oder das Universum zu mir spricht: „Jetzt ist es Zeit zum Aufhören."

Bis dahin geht es darum, Gutes zu sichern und Neues kennen zu lernen und zu wagen, kosteneffizient zu arbeiten, Wissen zu verknüpfen mit Dienstleistung.

Für meine neuen Partner und für mich ist wichtig zu wissen:
- was suchst du
- was kann ich anbieten
- was kannst du mit uns tun, um deinen Zielen näher zu kommen

Wenn es mir gelingt, deine Gedanken in eine neue Richtung zu lenken, deine Vorbehalte zu einer boomenden Branche ein wenig aufzuweichen, dir Inspirationen zu geben, die dir möglicherweise eine komfortablere Lebensqualität ermöglichen, dann freue ich mich. Es ist für mich eine erfüllende Aufgabe und Freude, wenn ich weiterhin Menschen treffen darf, die vertrauensvoll meine Arbeit, Unterstützung, Erfahrung und die Produkte schätzen und nutzen. Vielleicht ergibt sich die eine oder andere Idee daraus, zur Umsetzung für dein eigenes Leben. (www.chiara-ponti.de)

# Beruf? Network Marketing!

Network Marketing, Empfehlungsmarketing ist eine auf Wachstum aus-gerichtete Branche, erst belächelt, dann bekämpft. Durchsetzung am Markt in Europa in den letzten zehn Jahren. Diese Branche findet immer mehr Anhänger, es ist eine Revolution des Arbeitsmarktes. Monatlich kommen weltweit 150.000 neue Menschen dazu, 75 % davon sind Frauen, wenn man den Erhebungen Glauben schenken darf. Es ist ein System ohne Verkauf, bei dem es darum geht, statt Bedarf zu wecken, ihn zu decken.

Das große Geld wird mit Trends verdient. Ein Plan mit Sicherheit, der Menschen die Möglichkeit gibt Geld zu verdienen. Wichtig dabei ist der Geist im Unternehmen und das Herz, um die richtigen Menschen als Partner und Kunden zu finden. Nach ein paar Jahren Geschäftsaufbau ist es möglich, finanzielle Abhängigkeit durch ein passives Einkommen zu er-setzen. Denn was ich heute aufbaue, kann für positive Auswirkungen auf viele kommende Jahre sorgen.

Im Network Marketing ist es sehr einfach ohne Risiko zu beginnen und auch wieder auszusteigen. Die neue Selbständigkeit ist für eine geringe Investition von bis zu zweihundert Euro möglich. Es gibt ein Heer von unmotivierten, trägen, ahnungslosen Menschen, die sich die Zeit damit vertreiben, in Präsentationen mit verschränkten Armen zu sitzen und darauf zu warten, dass man ihnen etwas erzählt, worüber sie dann die Nase rümpfen können. Diese Menschen sehen die Welt nicht wie sie ist, sondern wie sie selber sind. Ich suche hingegen die sympathischen Menschen, mit denen gemeinsam zu arbeiten Spaß bereitet.

Auf der anderen Seite gibt es aber auch die vielen interessierten Menschen, die auf der Suche sind nach neuen Möglichkeiten, die sich der Wandlung der Zeit anpassen und offen sind für neue Wege. Diese Menschen sind mein Fokus. Frauen, die ihre Zukunft selber gestalten wollen, die von einem Auto träumen oder einer Reise und die ihre Rente aufstocken wollen. Weiters Unternehmer, die eine zusätzliche Einkom-mensquelle suchen, Menschen, die ein Netzwerk aufbauen und führen können, wenn möglich international. Menschen mit verschiedenen Nationalitäten, Ausbildungen, Erfahrungen, Kenntnissen und Einsatzwillen. Menschen, die anders sind als andere.

Diese Branche hat es in sich! Es ist eine Wirtschaftsrevolution!

Warum bist du noch nicht dabei?

Am besten gleich informieren! (www.zeitenwende.biz)

Unterschiedliches Klientel braucht natürlich auch eine differenzierte Ansprache. Einer möchte die Produkte zum Vorteilspreis konsumieren, der andere sein Haushaltsgeld aufbessern und benötigt dafür 400 Euro. Aber der Adler, der an internationale Aufstiegsmöglichkeiten denkt, braucht Fragen wie:

- Willst du hauptberuflich starten?
- Willst du richtig Karriere machen?
- Willst du starten, wie die Führungskräfte es tun, mit denen ich direkt zusammenarbeite?

Die Orientierung an Daten und Fakten ist eine wichtige Unterstützung. Es sind die Grundpfeiler in jedem Business!

*Network Marketing ist ein „richtiger" Beruf*
*und sollte als solcher auch angesehen werden.*
*Finden Sie Ihre „Berufung"!*
*(Prof. Dr. Michael Zacharias)*

Im Augenblick finden gewaltige Verunsicherungen und Veränderungen in der europäischen Wirtschaft, ja, weltweit statt. Die IHK (Industrie und Handelskammer), die Österreichische Wirtschaftskammer und der Deutsche Existenzgründerverband können Informationen und Auskünfte über den Start im Network- oder Empfehlungsmarketing geben. Karriere und Erfolg sind planbar. Nicht warten ... starte du in eine erfolgreiche sichere Zukunft. (Info: works-co@zeitenwende.biz)

Was suchst du, um dein Leben zu verbessern? Hast du noch Träume, wie du dein Leben bereichern willst?

Wow, welche tolle Möglichkeiten eröffnen sich im Network Marketing! Andere Länder der Welt sind für einen Vertriebsaufbau offen und übers Internet zu bearbeiten. Ich kann ohne Grenzen dieses zukunftsweisende Konzept weiter tragen. Damit bin ich mit einem stabilen Rückhalt für die kommenden Jahre gestärkt.

*Geld ist geprägte Freiheit.*
*(Dostojewski)*

Der Traum von der finanziellen Freiheit boomt. Amerika und Asien sind ganz vorne dabei. Fünfundsechzig Millionen Menschen sind im Aufbruch, um mit drei bis fünf Jahren Aufbauarbeit für ein solides Einkommen dabei zu sein. Regt dich das zum Nachdenken an? Du kannst in einem Geschäftszweig erfolgreich werden, der auf der ganzen Welt Bestand hat!

Wir leben in Zeiten der Veränderung. Dank der heutigen Kommunikationsmöglichkeiten muss ich aber nicht meinen Heimatort verlassen, sondern ich kann meine Kontakte vor Ort nutzen für eine lebenswerte, qualitativ gute Zeit. Je besser der Job, je besser das Leben!

Ein Werbeslogan sagt: „Wer in Hässlichkeit lebt, wird selber hässlich." Das heißt mit anderen Worten: Wer arm ist, ist in dieser Welt arm dran! Ein besserer Arbeitsmarkt ist zur Zeit allgemein nicht in Sicht, die Altersversorgung bei den meisten mit vielen Fragezeichen versehen, die Lebenserwartung steigt. Aber wer immer schlecht verdient hat im Leben, wird auch im Alter miserabel dastehen und kaum überleben können, denn die Schaffenskraft nimmt bekanntlich zunehmend ab. Darum gilt es aus den Fragezeichen-Ausrufungszeichen zu machen!

Ich übernehme die Verantwortung für das eigene Leben und freue mich auf ein Leben ohne Existenzängste und Abhängigkeit. Geld ist nur gedrucktes Papier, aber ich kann damit Rechnungen bezahlen, es macht mich frei von Sorgen, ich kann so leben, wie ich es will. Empfehlungsmarketing ist einfach und produktiv, das wird zum Vorteil für eine befreite Lebensführung. Ich kann nicht – gibt's nicht. In dir steckt mehr als du denkst.

Jeder Mensch kann das, was er will, aber ein normaler Mensch will nur das, was er kann!

Immanuel Kant sagte dazu:
*Ich kann, weil ich will, was ich muss!*

Nochmals zur Erinnerung: Network Marketing ist ein nachhaltiges Geschäft. Ein paar Jahre Aufbauarbeit für ein lukratives Einkommen sind nötig. Wer nicht sät, wird auch nicht ernten können. Ein wichtiges Gesetz ist das der Ernte und der Rückkoppelung, ich muss Verantwortung für meine Taten übernehmen.

Menschen, die mit der Vorstellung starten, mal 400 Euro zu verdienen, sehen, wenn dieses Ziel erreicht ist: Es geht auch mehr, es gehen auch 1000 Euro oder 4000 Euro. Das Erreichen des eigenen Ziels ist eine Frage der Zeit. Wenn ich mein Ziel fest vor Augen habe, brauche ich mich nicht um die Entfernung zu kümmern.

Manche Menschen halten das, was sie dreißig Jahre lang gemacht haben für Erfahrung. Aber, was könnte alles bewegt werden, wenn diese Menschen offen für neue Wege wären? Welcher Nutzen könnte der Gemeinschaft entstehen! Es gibt viele Wege Neues zu erlernen und einen kleinen Teil der besseren Welt zu erobern.

Im Leben gewinnen nicht immer die Schnelleren, sondern die, die Ausdauer haben. Es gewinnen auch nicht die, die sich ständig sorgen, sondern die, die sich Gedanken machen, wie es auch anders gehen kann. Ich verplempere nicht mein Leben, sondern habe Gedanken darüber, was mir fehlt und wie es die Möglichkeit gibt, das zu ändern. Wer an die Zukunft denkt, wird eine haben! Ein Residualeinkommen oder ein passives Einkommen heißt: Zeit für schöne Zeiten zu haben.

## Chancen für die junge Generation

Da ich gerne Kontakte mit jüngeren Menschen pflege, sind *The Young Generation* und *Integreater* für mich ein großes Thema. Du als junger Mensch studierst erfahrungsgemäß etwas, was dich nicht wirklich interessiert, weil z.B. gerade ein Studienplatz am Ort deiner Träume frei ist, schreibst du dich möglicherweise ein. Oft gibt es kaum Möglichkeiten, nach dem Studium eine feste Anstellung zu bekommen. Es ist das Zeitalter der Trainees und der Verträge, die zeitlich begrenzt werden. Für eine Selbständigkeit im traditionellen Sinn fehlt meistens die entsprechende Kohle.

Im Empfehlungsmarketing kannst du dir in sechs Jahren eine florierende Existenz als eigenständiger Unternehmer/in aufbauen und dir den Traum erfüllen dort zu arbeiten, wo deine Träume dich hinführen.

Du musst für dich das passende Partnerunternehmen finden, nach einen guten Sponsor, der dich fördert, suchen. Dieser Sponsor sollte ein richtiger Leader sein, dass in dir der Wunsch entsteht: Ja, so wie er/sie will ich auch sein! Ein richtiges Business erlernen, wie ein Fischer das Fischen, mit Fleiß, Ausdauer und Arbeitsroutine.

Die Wahl, im Network Marketing arbeiten zu wollen, muss aus dem Herzen und aus dem Bauchgefühl kommen. Mit kontinuierlicher Arbeit, Freude und Spaß zum Erfolg! Du hast nicht das Geld für den Einstieg? Deine Oma/Onkel hat es bestimmt. Wenn du eine Weltreise für tausend Euro bekommen könntest, würdest du dieses Geld auftreiben, wenn du ernsthaft interessiert bist? Hier sprechen wir aber von einer lebensverändernden Entscheidung. Und das Tolle an dem Business ist: Dein/e Partner/in und dein Freundeskreis können mit eingebunden werden. Somit ist ein Leben in Gemeinschaft möglich, nicht so zerrissen wie in anderen Berufen, die häufig in entfernten Regionen ausgeübt werden müssen und dadurch das Leben, die Partnerschaft oder Familie trennen.

Gemeinsamkeit macht stark und erfolgreich! Oft leben wir in Fernbeziehungen ohne Perspektive. Network Marketing ist als ein Miteinander in einer Gemeinschaft zu verstehen und kommt den Bedürfnissen von Familie und Kindern entgegen.

Die Verdienstmöglichkeiten sind unbegrenzt. Je größer das Partner- und Kundennetz, je größer der Umsatz, je größer die Einnahmen. Du baust ein florierendes Netzwerk auf und partizipierst von passiven Einnahmen, ähnlich, als wenn du eine CD oder ein Buch auf den Markt bringst. Es wird einmal hergestellt und über eine lange Zeit verkauft und bei jedem Verkauf bist du am Erlös beteiligt.

Wenn ich ein Buch schreibe, so mache ich mir viele Gedanken, recherchiere, wende Zeit zum Schreiben auf, entwerfe ein Cover, suche einen Verlag, investiere in Kosten für Beratung, Lektorat und Druck. Wenn ich bei einem Verkaufspreis von 10 Euro zehn Bücher verkaufen kann, hat es sich bei einem Rohgewinn von einem Euro pro Teil nicht wirklich gelohnt, diese Mühe aufzuwenden. Im besten Fall, bei einem Umsatz von hunderttausend Exemplaren sieht die Sache dann ganz anders aus. Das heißt mit anderen Worten, man macht sich einmal die Arbeit und partizipiert lange Zeit daran mit Erlösen.

Wenn man das richtige Partnerunternehmen für sich gefunden hat, klappt es auch mit dem Passiveinkommen. Das Zauberwort zum passiven Einkommen ist: DUPLIKATION oder auch Multiplikation. Die Macht der Duplikation wird meistens unterschätzt. Es ist feinste Mathematik. Deine Partner sind als deine Filialen zu verstehen und an jeder Filiale partizipierst du. Möchtest du lieber für deine Arbeit 10 % Verdienst oder von deinem Partnernetz 1 % passives Einkommen? Jede Filiale, gleich jeder Partner, hat natürlich den gleichen Nutzen, die gleiche Ausgangsposition. Ich nutze die Erfahrungen anderer und lerne daraus.

Die meisten Dinge, die erfolgreich sind, sind einfach, und wenn sie einfach sind, sind sie duplizierbar, das heißt, für jeden umsetzbar. Network Marketing gibt Interessierten eine klare Perspektive! Menschen aus anderen Kulturkreisen haben andere Fähigkeiten in die Wiege gelegt bekommen. Aber auch für sie ist Network Marketing eine große Chance, denn dieses Geschäftsmodell ist international möglich und Erfolg durch Kommunikation ist für Integreater (www.integreater.de) ein Zukunftsmodell. Da Menschen, die aus einem anderen Umfeld kommen, die Sache aus einem anderen Blickwinkel heraus betrachten, ergibt sich möglicherweise ein kleiner Vorteil.

Es ist schön, ein richtiges Erfolgserlebnis für mich, wenn Menschen mir ihre Erfolge vermitteln. Es sind nicht nur die Unternehmen, es sind nicht nur die Produkte, nein, es sind die Menschen, die über Erfolg oder Misserfolg entscheiden.

Mein Tipp: Hilf deinem Glück zielstrebig auf die Sprünge!

## 50plus und reich an Mut

Die Vorstellungskraft, die Kraft, Bilder im Geist zu bilden, eine Vision zu haben, ermöglicht es mir, kleine Wunder in meinem Leben geschehen zu lassen. Es ist die Möglichkeit, Außergewöhnliches als Herausforderung begreifen.

*Die Vorstellung dominiert die Welt.*

*(Napoleon)*

Die Generation *50plus*, zu der ich zähle, hat durch die gelebte Vergangenheit vermutlich nicht geahnt, dass sich auch für sie die Zeiten verändern. Krankheit, Entlassungen, Altersarmut und Einsamkeit sind für viele Menschen dieser Gruppe ein Thema. Längst benötigen immer mehr Rentner Staatshilfe. Früher waren die Menschen noch „anständig" und starben Mitte siebzig rechtzeitig, doch heute wollen wir alle möglichst gesund und gut situiert alt werden. Hundert Jahre alt zu werden ist keine Seltenheit mehr. Es leben wohl aktuell zwölftausend Menschen dieses Alters in Deutschland. Wenn wir dazu gehören wollen, müssen wir dafür sorgen, dass genug Geld zur Verfügung steht für einen angenehmen letzten Lebensabschnitt.

Was haben wir Ältere gemeinsam? Auf jeden Fall viele Erfahrungen, gute und weniger gute, aber das macht das Leben aus. Durch unsere Fehler haben wir Erfahrungen sammeln können. Erkenntnisse daraus gilt es weiter zu geben an die, die noch ein paar Jahrzehnte mehr Lebenszeit zur Verfügung haben. Gleichwohl gibt es viele Altersgenossen, die Energie haben, ihre Träume leben wollen, eine Vision haben, von dem, was sie noch in diesem Leben verwirklichen wollen. Und der Vorteil dieser Zeit: Es ist mit dem Jugendwahn weitgehend vorbei! Wenn wir bedenken, was wir in den letzten dreißig Jahren bewirkt haben, war das eine ganze Menge und jetzt haben wir den gleichen Zeitraum noch einmal zur Verfügung.

Menschen jenseits der fünfzig suchen nach einer neuen Perspektive, nach neuen Projekten und Aufgaben, wollen sich mit ihren Erfahrungen in andere investieren und für das eigene Leben Wohlstand erhalten oder erreichen, und die kommenden dreißig Jahre finanziell absichern. Fitte und unternehmerisch denkende Menschen gab es immer, viele dieser Menschen wurden erst im reiferen Alter richtig erfolgreich und arbeiteten bis zu dem Tag, bis es wirklich nicht mehr machbar war. Erschwerend kommt dazu, dass Banken keine beruflichen Initiativen von älteren Menschen unterstützen. Kredite werden nicht vergeben, Chancen und Ideen sind oft somit nicht realisierbar. Im Network Marketing kannst du in jedem Alter starten, ohne Eigenkapital, ohne Risiko. Das Konzept liefert dein Partnerunternehmen, die Ausbildung ist fast immer kostenlos. Wo ein Wille ist, wird sich ein Weg finden.

Natürlich ist „erfolgreich" ein dehnbarer Begriff. Die Menschen, die dressiert auf ihre Aufgabe bis zur Rente waren und die es sich die nächsten dreißig Jahre auf dem Sessel bequem machen wollen, spreche ich nicht an. Aber bedenke … auf den Tod gewartet ist auch schon gestorben! Die Rente soll eigentlich für alle Fälle eine Sicherheit sein, wenn man nicht mehr kann, damit das Überleben gesichert ist. Doch den Lebensstandard allein damit zu erhalten, dürfte für die meisten schwierig werden, denn die noch zirka dreißig zu erwartenden Jahre können lang werden und die Geldentwertung schreitet voran.

Träumst du noch, oder hast du schon abgeschaltet? Willst du die Lücken füllen, die andere für dich bereit halten, oder suchst du nach einer Perspektive, einer neuen Aufgabe, ein paar hundert Euro nebenbei?

Möchtest du unternehmerisch tätig sein? Willst du weiterhin wachsen und lernen und deine Erfahrungen weitergeben, andere abholen, wo sie stehen und führen? Prof. Zacharias a.D. von der Hochschule in Worms hat ein Buch geschrieben, „Beruf und Berufung", jetzt ist es Zeit für mich an meine Berufung zu denken. Ist das nicht spannend?

Wenn du etwas haben willst, was du noch nicht hattest, dann musst du das tun, was du noch nicht getan hast. Kräfte bündeln und noch einmal neu durchstarten auf anderen Wegen, das Leben neu gestalten mit Ausblick darauf: Was haben andere davon, dass es mich gibt? Ich gehe mit der Zeit und nehme die Veränderungen an. Es warten noch viele spannende Jahre auf mich mit neuen Erfahrungen und Ideen und neuen Menschen, die mich begleiten und die ich begleiten werde. Jeder Mensch kann alles, er muss es nur wollen!

„Alt ist man erst fünfzehn Jahre vor seinem Tod, und wenn die Menschen später sterben, dann verschiebt sich auch der Beginn des Alterns", sagt der Demografie-Forscher Axel Börsch-Supan. Wer hat uns eingeredet, dass wir mit fünfzig schon zu alt für den Job sind? Natürlich nehmen einige Fähigkeiten mit zunehmendem Alter ab, manche Fähigkeiten bilden sich noch besser aus. Genau dafür sind wir ja in der richtigen Branche.

Jeder kann sich einbringen, wie es ihm sein Alter, seine Kraft, seine Umstände möglich machen. Wir werden alt, ja, aber wir sind dabei jünger und unverbrauchter als jede Generation vor uns. Die Vision, mein eigener Chef zu sein, mich zu duplizieren, der Wille zum Erfolg kann mein Leben verändern. Fünf von hundert Menschen sind Macher, fünfzehn von hundert sind Denker und weitere achtzig sind Zweifler, unabhängig vom Alter.

Bist du ein Macher? Deine Vision kann sich erfüllen, wenn nicht jetzt, wann dann! Empfehlungsmarketing gibt jedem eine Plattform sich zu verwirklichen. Finde das Unternehmen, das zu dir passt, das optimale Marktbedingungen schafft, im Trend liegt und Wohlbefinden gibt! Und los geht es! Von ein paar hundert Euro bis zur finanziellen Freiheit werden Chancen gegeben. Einsamkeit und Armut (arm- an- Mut) im Alter hat in dieser Branche keine Chance. (Info: works-co@zeitenwende.biz)

# Selbst ist die Frau

*„She's the boss"*, lese ich öfter mal. Ist das wirklich so? Fakt ist, wir Frauen sind nicht aufzuhalten! Die junge Generation von Frauen ist super ausgebildet, sie bekleiden Positionen wie Moderatorinnen, für Unterhaltung oder Geldanlagesendungen, Börsenberichte, sie sind Ärztinnen, Pilotinnen oder Anwältinnen. Als Nachrichtensprecherinnen haben wir Frauen schon fast ein Monopol. Doch sie sind wohl eher die Ausnahmen in unserem Geschäftsleben. Wenn man der Politik Glauben schenken darf, ist eine große Gruppe von Frauen besonders von der (Alters-) Armut betroffen.

Die Single Gesellschaft schafft Probleme, die vor Jahrzehnten noch nicht Alltag waren. Viele junge Frauen sind alleinlebend oder auch alleinerziehend, viele ältere geschieden und ohne Perspektive, von Burn Out gequält. Dann erkennt man, dass ein Mann keine Versicherung ist.

Erst kommt die Liebe, dann die Trennung, dann der Anwalt. Viele Frauen stehen unerwartet vor dem persönlichen Absturz. Sie putzen der Familie die Hütte, aber werden finanziell kaum abgesichert. Lebensversicherungen sind in der Vergangenheit in vielen Fällen nur für Männer abgeschlossen worden, so als Absicherung des Familienoberhauptes. Fatal für viele weibliche Personen.

Auf der anderen Seite gibt es die gut situierten Frauen, die sich noch keine Gedanken um die Zukunft machen, denn sie fühlen sich versorgt und gut aufgehoben. Wo haben diese Frauen einen gemeinsamen Nenner? Langeweile, Vereinsamungsanzeichen, wenig Perspektiven, oder auch ... Ideen, Elan, Tatendrang, Kraft und Energie, um Neues auszuprobieren.

Viele Frauen bleiben in einem Minijob gefangen. Von der späteren Renten Prognose ganz zu schweigen, ein besonders brisantes Thema! Nur wer für sich selber sorgt kann relativ sicher sein, dass man am Ende nicht mit leeren Händen dasteht. Der Weg zum Sozialamt ist immer öfter vorprogrammiert. Das Leben ist aus dieser Sicht ohne Perspektive. Wie arbeiten Deutschlands Frauen wirklich? Als Minijobberin oder in Teilzeit, im Service, der Dienstleistung, oft mit einer befristeten Stelle. Lohn gibt es häufig viel weniger, als es bei den Männern der Fall ist. So sieht die durchschnittliche Realität in Deutschland aus. Ein absolutes Ungleichgewicht am Jobmarkt hat sich eingeschlichen. Warum aber ist das so? War das das Ziel der Gleichberechtigung von Frauen? Eine wirkliche Errungenschaft und Verbesserung?

Stellst du dir auch die Fragen:

- Was fange ich mit meinem Leben an?
- Wo bekomme ich die meisten Chancen?
- Soll ich arbeiten oder nicht?
- Wird mich mein Mann auf Dauer ernähren können?
- Will ich abhängig bleiben?
- Ist Hartz4 eine Lösung für mein Leben?
- Wird das soziale Netz mich immer auffangen?
- Möchte ich im Mangel weiter leben?
- Möchte ich unter diesen Umständen alt werden?
- Werde ich den Prinz finden, der mich rettet?
- Wofür möchte ich Geld haben?
- Gibt das Leben mir einen Sinn?
- Habe ich genug Talent und Fähigkeiten?
- Bin ich für das Alter abgesichert?

*Wenn einer weiß, wohin er will,*
*wird die Welt zur Seite treten und ihn vorbei lassen!*
*(Benjamin Franklin)*

Ich habe viele Frauen kennen gelernt, die sagen: „Ja, ich weiß, was ich *nicht* will", dann aber kleinlaut hinzu fügen: „Aber ich weiß nicht, was ich will." Nun ja, wir Frauen haben viele Wünsche: schön sein, gut duften, tolle Schuhe und Handtaschen, Mode, Urlaub. Kino. Für Weiterbildung, Persönlichkeitsentwicklung bleibt da nicht viel Geld übrig.

Die Älteren unter uns wurden noch erzogen mit alten Tugenden: Sei brav, heirate, bekomme Kinder und sei treu, arbeite deinem Mann zu, halte ihm den Rücken frei, sorge für Ordnung und Sauberkeit. Doch diese Sicht ist überholt. Wir Frauen sind aufgerufen uns selbst zu erhalten, unsere Fähigkeiten und Persönlichkeit auszuleben, unsere Talente zu fördern und uns immer öfter eine neue Lebensbasis zu erschaffen, hoffentlich bei gleicher Bezahlung, wie sie auch für Männer gilt. Das ist der Preis der Gleichberechtigung, Freiheit und der Veränderung unserer Welt.

Im Empfehlungsmarketing bekommen diejenigen Frauen ihre Chance mit vielen Facetten und Möglichkeiten, die sich voll einsetzen für das, was sie tun, und die ihre Leidenschaft zum Beruf machen. Brennendes Verlangen nach Veränderung ist oft ihr Antrieb. Auch meine Vielseitigkeit und

Fähigkeit zur Kommunikation sind eine große Hilfe, um die Perspektiven im Empfehlungsmarketing für meine neue Lebensbasis zu nutzen und mir ein Einkommen zu erarbeiten, was mich viele Jahre weitertragen wird. Man muss Menschen mögen, denn die Verbreitung des Konzeptes, der Vision, der Produkte, wird vom Gefühl beeinflusst und geleitet. Empfehlungen aussprechen und Menschen zu zufriedenen Anwendern zu machen, ist die Aufgabe. Möglicherweise werden diese Menschen dann auch Partner im geschäftlichen Leben und umgekehrt Freunde im privaten Bereich.

Empfehlungsmarketing bietet für jede Frau eine komfortable Chance von zuhause aus zu arbeiten, ohne Risiko, ohne Kapitaleinsatz, mit Spaß und Freude und neuen Kontakten, ohne die Kinder dabei vernachlässigen zu müssen. Es ist eine soziale und gerechte Gelegenheit, die eigenen Verbindungen zu nutzen, Netzwerke von Kunden und Partnern aufzubauen. Das Potenzial ist grenzenlos, du musst es nur wollen. „Es ist wichtig für mich, *was* ich mache", dieses Denken treibt mich voran. Ich motiviere mich damit täglich selbst – und wenn ich es kann, dann kann es jeder. Stein auf Stein und nicht vom Weg abbringen lassen ist meine Devise.

Viele von uns weiblichen Geschöpfen denken in komplizierten Wegen oder Problemen. Löse es ab in: *In Lösungen denken*. Suche dir ein passendes Partnerunternehmen, einen Sponsor oder eine Sponsorin, die Fragen – „wie geht das" – beantworten können, und nimm dir Zeit eine neue Branche kennen zu lernen, die es in sich hat. Auch für die tollen, super ausgebildeten und studierten Frauen lohnt sich das Hinsehen auf einen Markt, der sich rasend schnell rund um den Globus verändert und alte Hierarchien ablöst.

Es gibt eine Revolution, die heißt: Internet. Das Potenzial ist grenzenlos in dieser Network Branche, die Motivation, Freude, Miteinander und Erfolg und auch die neuen Techniken vereint und nutzt. Ja, es wird gelacht, ja, es wird aus Begeisterung geklatscht, aber es wird auch Geld verdient durch Arbeit und versierte Kommunikation. Wir machen für ein Unternehmen über persönliche Kontakte Werbung und dadurch wird es bekannt. Wir bringen dem Unternehmen mit unserem Team Umsatz, dafür werden wir belohnt, immer in Bezug zu dem Ergebnis aus unserem Einsatz. Welche Freude, wenn der Haushaltsetat oder die Rente um ein paar hundert oder sogar tausend Euro aufgestockt werden kann. Dafür ist es noch nicht zu spät! Die Zukunft beginnt jetzt, wenn du startest.

Wie sieht es in der Regel aus? Wir tun immer die gleichen Dinge und werden nach gleichen Kriterien bezahlt, aber mit unterschiedlichem Erfolg. Im Network Marketing wird gutes Geld verdient, auch mit unterschiedlichem Erfolg! Doch ist die Möglichkeit der persönlichen Weiterentwicklung und des finanziellen Durchbruchs nach oben gegeben.

Eine online Umfrage von Network Karriere (www.network-karriere.de) von über 140.000 Teilnehmern zeigt dies auf.

Was wurde 2013 im Direktvertrieb verdient?

| | | | |
|---|---|---|---|
| bis 5.000 € | **51468** | bis 150.000 € | **5564** |
| bis 10.000 € | **36148** | bis 225.000 € | **2782** |
| bis 25.000 € | **23632** | mehr als 250.000 € | **1393** |
| bis 75.000 € | **15293** | mehr als 500.000 € | **11** |
| bis 100.000 € | **9734** | | |

Diese Auswertung erstaunt mich. Man mag über diese Zahlen nachsinnen, aber was ersichtlich ist, ist der Trend in diesem Wirtschaftszweig. Doch Vorsicht: Network Marketing, Empfehlungsmarketing ist kein Schnell-Reichwerde-System. Manchmal strauchelt man, stolpert, fällt auch hin, dann heißt es aufstehen und weitermachen. Wie sagen Flieger so schön: Beim Landen die Nase hoch halten.

Unklar ist mir in der Auswertung, für welchen Zeitraum diese Zahlen gelten, monatlich oder jährlich?

Ich bin drei bis fünf Menschen begegnet, die Millionen abschöpfen. Warum ist das so? Diese Vertriebspartner waren einst die ersten Menschen, die an dieses System geglaubt haben und in eine ungewisse Zukunft damit gestartet sind. Sie haben uns vorgemacht, wie es funktioniert. Zwei Jahrzehnte Aufbauarbeit eines internationalen Teams, ohne die wirtschaftliche Entwicklung vorher zu sehen. Da nun Network Marketing zu einer boomenden Branche geworden ist und sich in den Jahren sehr viele Partner unter der jeweiligen Person angesiedelt haben, können sich diese Großverdiener nicht gegen Geld wehren. Sie werden von ihrem Team hoch getragen und werden reicher und reicher. Die Zeit hat für sie gearbeitet. Ob diese Entwicklung so vorgesehen war, will ich nicht ergründen. Realistisch gesehen ist jeder Mensch 2000 Euro durch seine eigene Arbeitsleistung wert. Aber das aufgebaute Heer der Teampartner bringt Umsatz, daraus entstehen Boni, die nach oben unbegrenzt sind.

Es ist meiner Meinung nach nicht seriös mit diesen hohen Einkünften werben, denn die wenigsten haben die Ausdauer und erschaffen für sich diese Einkommensmöglichkeit. Ein unrealistischer Traum, der nicht wahr wird, hinterlässt Frust, Neid und Wut auf eine Branche, die es nicht verdient hat.

Auf einem Teampartner Schulungstag sagte einer der Menschen, der vielleicht bei den elf „Super Networkern" einzuordnen ist: „Ich war in einem Schlaflabor und habe die ganze Nacht gelacht. So was hatten die Ärzte noch nie." Diesen Ausspruch verstand ich als ziemlich zynisch, da sein Wohlstand heute durch andere Menschen erarbeitet wird. Vielleicht aber wollte er damit nur seine Dankbarkeit durch dieses Statement ausdrücken. Sein enormer Einsatz für das Team und das Konzept rechtfertigen seinen Erfolg.

## Empfehlung ist Bonus

In meinem Partnerunternehmen gibt es Tausende von positiven Anwenderberichten. Warum ist das so?

Firmen, die in diesem Vertriebssystem arbeiten, stecken viel Zeit, Energie, Ideenreichtum und Geld in die Entwicklung von exzellenten innovativen Produkten, da ansonsten das Unternehmen schnell wieder in der Versenkung verschwinden würde, denn unzufriedene Kunden verliert man postwendend.

Positive Aussagen verbreiten sich schnell, aber negative Aussagen gehen rasend schnell durch die Welt. Durch die hohe Qualität der Produkte haben die Konsumenten vielfältige positive Erfahrungswerte und teilen diese gerne persönlich auf Tagungen oder Social Media Plattformen mit (www.cellreset.biz). Ein Werbeetat der Produkte kreierenden Unternehmen steht fast auf Null, denn dafür sind wir, Hunderttausende von Vertriebspartnern aktiv, um die Botschaft weiter zu reichen. Die heutigen technischen Möglichkeiten helfen dabei. Die beste, günstigste und effektivste Art von Werbung ist die Mund zu Mund Propaganda, oder anders gesagt:

*Von Mensch zu Mensch.* Hier bin ich Mensch, hier kauf ich ein und lasse es mir gut gehen mit meiner Wahl.

Eine bekannte Networkerin Gabi Steiner sagt zu EM:

*„Empfehlungsmarketing ist ein einfaches Konzept, um Produkte direkt vom Hersteller zum Verbraucher zu bringen. Geld, das üblicherweise bei konventionellen Vertriebsmethoden für Vertrieb und Werbung ausgegeben wird, wird stattdessen an diejenigen bezahlt, die andere zum Eigenkonsum an das Produkt heranführen."*

Genial, besser kann man es nicht ausdrücken! Wir verknüpfen Menschen mit einem Unternehmen unseres Vertrauens. Dieses liefert ein Produkt direkt an den Kunden/Partner, es wird direkt abgerechnet, die Provision wird pünktlich an den Vertriebspartner gezahlt. Durch automatisierte Auslieferungssysteme entsteht ein regelmäßiger erneuter Umsatz und der generiert neue Boni.

Es gibt keinen Kapitaleinsatz von Seiten des Vertriebspartners, keine Lagerhaltung und keine Kosten, kein Risiko, keinen Mehraufwand von Zeit für zusätzliche Arbeiten. Die erste Anerkennung bekommt ein Kunde durch seine Partnernummer, wenn er/sie sich als Vorteilskunde mit der Option der Weiterempfehlung beim Unternehmen registrieren lässt. Der Vorteil dieser Aktion ist, dass die bezogenen Produkte um 20 % bis 30 % Einkaufsvorteil günstiger zu beziehen sind, dies ist nach den jeweiligen Unternehmensrichtlinien möglich.

Also, nochmal in Kurzform: Ich konsumiere ein Produkt, empfehle es weiter und bekomme dafür einen Bonus.

Welche Produkte eignen sich für Empfehlungsmarketing und ein passives Einkommen? Aus meiner Sicht ist es wichtig Verbrauchsprodukte anzubieten, die mit den entsprechenden Vertriebsmodellen kombiniert sind.

Alles was sich verbraucht, Produkte des täglichen Bedarfs, Pflegeprodukte, wie Deos, Duschgel und Zahncreme mit besonderer Wirkung aus speziellen Wirkstoffen. Nahrungsoptimierung und Produkte zur Zellregeneration bringen zum Beispiel erneuten, wiederkehrenden Umsatz. Wenn Menschen zufrieden sind als Anwender und Resultate zu erkennen sind, dann kauft man gerne und mit Freude wieder ein und gibt seine positiven Erfahrungen weiter. Prävention ist ein Sicherheitsschutz für die Gesundheit. Leben oder Tod sitzen häufig im Darm, in den Zellen. In vergangenen Zeiten hat man gesagt: An apple a day keeps the doctor away. Nun weiß man aus Forschungen, dass ein Apfel nicht mehr reicht, man muss heute mindestens fünf Äpfel pro Tag essen, um die gleiche Wirkung zu erreichen, das sind hundertfünfzig Äpfel im Monat. Tust du das?

Es ist auch nicht nur der zufriedene Kunde, sondern ein begeisterter Kunde, der mich, meine Produkte, mein Unternehmen, mein Konzept weiter empfiehlt. Oftmals entscheidet sich dieser Kunde nach einiger Zeit aus der positiven Erfahrung heraus Partner zu werden, und dann wird er von seinen weitergegebenen Empfehlungen profitieren, indem er am Erfolg mit beteiligt wird. Eine reale WIN WIN Situation. (www.1137241.a-pm.info).

Bei einem relativ neuen Vertriebskonzept mit Gold und Silber verhält es sich etwas anders. Es sind keine Produkte, die ich persönlich verbrauchen kann, auch nicht um meine Gesundheit zu fördern. Oder vielleicht doch? Gibt es nicht mehr arme kranke Menschen, als reiche Kranke? Ganz einfach: Reiche Menschen können sich besser ernähren und ihre Nahrung mit exzellenten Zusatzprodukten optimieren, sie haben Zeit für Entspannung, Freizeit und Urlaub, sie verbrauchen sich nicht so schnell, sie können sich bessere Ärzte und Medikamente leisten, sie haben weniger negativen Stress und weniger Existenzängste. Außerdem hat man festgestellt, dass reiche Menschen glücklicher sind. Wen wundert es?

*Ein gesunder Mensch ohne Geld ist halbkrank!*
*(Johann Wolfgang von Goethe)*

Damit komme ich wieder auf Edelmetalle zurück, denn wir hören es jeden Tag in den Medien, dass wir selbst verantwortlich für unseren Lebensstil im Alter sind und vorsorgen müssen.

Silber wird in der Industrie für 42.000 Anwendungen benötigt und ist als Grundmaterial begrenzt, da es auch kaum recycelt wurde. Bei Gold fällt diese Begrenzung noch größer aus, da nur wenige Vorkommen weltweit den Bedarf decken und der Wert des Metalls zu einem begehrten Vermögensaufbau Produkt in aller Welt gesehen wird. Neue Vorkommen und Funde von Minen gibt es kaum. Die Förderung hingegen wird immer geringer und teurer. Nimmt man alle Förderungen der Welt zusammen, dann entspricht das dem Volumen eines Würfels von einer Kantenlänge von zwanzig Metern!

Für mich ist es ein emotionales Produkt, ein gutes Gefühl, wenn man etwas davon besitzt. Man kann durch den Urwald gehen und einen Goldbarren in die Luft halten, und jedermann weiß selbst dort sofort: GOLD!

Gold ist begehrt und nicht erklärungsbedürftig. Jeder kennt es und es ist ein Material, das nicht kopiert werden kann und Vertrauen gibt. Besser als 999,9 geht nicht! Gold hat kein Verfallsdatum und es gibt auch in Zukunft nichts Besseres! Gold und Silber werden niemals wertlos. Und wichtig dabei:

Wer Edelmetalle besitzt hat immer Geld.

Die gesetzliche Rente war seinerzeit eine umwerfende Idee, die sich bewährt hat. In Deutschland ist dieses System nicht wegzudenken. Aber wer heute noch an die staatliche Rente glaubt und denkt, das Leben im Alter ist in Würde möglich, der irrt! Immer weniger Menschen stehen zur Verfügung, um diese Rente zu erwirtschaften. Der Kaufkraftverlust wird auf einigen Rentenbescheiden schon ausgewiesen (siehe youtube, ARD Plusminus Bericht). Seit 2002 hat der Euro 56,5 % seiner Kaufkraft verloren! Ist dir das auch aufgefallen? Nur 0,07 % der Deutschen haben eine Rente über 2000 Euro heute zu erwarten, ein Drittel der Rentner wird weniger als 500 Euro zum Leben zur Verfügung haben! Ist die Realität für dich zu akzeptieren?

Wo möchtest du dabei sein, welche Rente wird dir gefallen?

Welche Wünsche stehen bei Vorsorge und Absicherung lt. Erhebungen an erster Stelle?

1. Sicherheit

2. Verfügbarkeit

3. Gewinn

4. Steuerfrei

Was machen erfolgreiche Menschen anders?

Erfolgreiche Menschen investieren statt konsumieren, beschäftigen sich ein bis zwei Stunden mindestens am Tag mit ihrem Vermögen. Der Durchschnitt unserer Bevölkerung konsumiert. Nirgends ist in unserer schulischen Ausbildung das Wort GELD oder VERMÖGEN behandelt worden. Im Gegenteil, man unterstellt häufig Menschen, die Vermögen haben, dass dieses nicht korrekt erarbeitet wurde. Geld verdirbt den Charakter, sagt man. Nein, ich finde, Geld zeigt den Charakter!

Was mache ich, wenn ich wenig Geld habe, wie lege ich verdientes Geld gewinnbringend an? Börse ist ein Fremdwort für manche Menschen, außer „Börse vor acht" gibt es wenig Wissen über die Zusammenhänge, und auch dort hört man immer öfter vorbei. Welche Wege tragen dazu bei, um an Geld zu kommen? Gibt es Geldanlagen, die auch Spaß machen und Freude bereiten? Das Fatale ist, in unseren Schulen haben auch Lehrer nicht genug Wissen darüber und der Lehrplan sieht es im Unterricht nicht vor.

„Spare ich und dann ist doch alles wieder futsch?"

„Wird es eine Inflation oder Deflation geben?"

„Was bedeutet das überhaupt?"

„Werden wir nicht überall abgezockt?"

Diese Einwände begegnen mir immer wieder.

Nun haben sich ein paar Unternehmer zusammengeschlossen, die Jahrzehnte lang bewiesen haben, das sie erfolgreich sind in dem Bereich Vermögensbildung und -erhalt. Mit den Geldern von gut situierten Klienten haben sie sich eine eigene bleibende finanzielle Substanz gebildet und sich auf die Fahne geschrieben, durch die Möglichkeit des Empfehlungsmarketing flächendeckend Vermögensbildung in Form einer privaten Edelmetall abgedeckten Rente für jeden zu ermöglichen. Verbunden wurde die Idee mit einem darauf einzigartig abgestimmten Geschäftskonzept im Empfehlungsmarketing, weil es durch die Gemeinschaft die Möglichkeit gibt, kostengünstiger zu agieren, Ein- und Verkauf für Gold und Silber zu optimieren und Menschen zusätzlich eine Verdienstmöglichkeit zu eröffnen. Zugegeben, dort sitzen mehr Männer in Seminaren und die lachende und klatschende Begeisterung kommt weniger zum Zuge, doch die Atmosphäre ist positiv, unterhaltsam und man zieht an einem Strang, denn im Schwarm fliegt man besser.

Wer kein Geld hat sich ein Vermögen aufzubauen, kann es sich jetzt durch Weiterempfehlung erarbeiten. Welch eine Möglichkeit! Gold und Silber sind bleibende Werte, ein Geschenk der Erde, das macht es so wertvoll! Doch immer wieder gilt: Prüfe genau! Empfehlungsmarketing bietet Lösungen für vielfältige Probleme! Bleibe offen für Neues, informiere dich und setze deine jetzt zur Verfügung stehende Zeit und Energie ein, etwas für dich zu erschaffen und beachte tunlichst die AGBs des jeweiligen Unternehmens.

Eine Frau im Alter von achtzig Jahren sagte vor einigen Wochen zu mir: „Es ist merkwürdig, erst ist man jung und dann dreht man sich um und ist schon alt." Soll heißen, die Zeit ist ein positiver Faktor für dich, du kannst noch etwas bewegen, wenn dir noch einige geplante Jahrzehnte Lebenszeit zur Verfügung stehen! Der größte Fehler, den man machen kann:

Immer Angst zu haben, einen Fehler zu machen und dadurch nicht aktiv zu werden!

Die Konzentration auf mein Ziel bringt mich zum Erfolg, nicht die Konzentration auf meine Ängste! Wir leben in einer herausfordernden

Zeit, interessant und spannend mit vielen ungelösten Problemen. Für flexible Menschen eine gute Chance und Ermunterung.

## Vorsicht: Falle!

Wenn man einen Haken sucht, wird man ihn finden. Die Timeline ist ein wichtiger Faktor, am richtigen Ort, zur richtigen Zeit, die richtigen Menschen zu treffen.

Der Marketingplan ist eine Möglichkeit, sich fest zu haken. Zugegeben, es ist nicht einfach einen Marketingplan ganz zu blicken, denn er setzt sich aus verschiedenen Positionen zusammen, mehreren Boni und Provisionen, Prozentsätzen, Regeln, Team Boni und Incentives – wie ein Auto-, Reise- oder Rentenprogramm, Welttopf Bonus bar Ausschüttungen oder PINs in echten Werten Silber oder Gold.

In jedem Unternehmen lässt man sich ein anderes Konzept einfallen. Entweder man arbeitet in die Breite oder in die Tiefe, Möglichkeiten bestehen auch mit einer Zweiermatrix oder Dreiermatrix, man hört Begriffe wie 5+5, 15+3, 1+12, 3-9-27. Aber muss ich denn alles bis ins Kleinste verstehen? Geht es nicht auch step by step? Oder: learning by doing!

Wichtig für mich war, dass ich die Menschen auf Seminaren und bei Treffen kennenlernte, die die Positionen, die im Marketingplan angegeben sind, auch tatsächlich erreicht haben. Stabilität, Zuverlässigkeit und Vertrauen erzeugen Sog.

Natürlich gibt es in jedem Marketingplan Hürden, die überwunden werden wollen. Alles ist nicht für jeden, und nicht jedem liegt jeder Plan. Vor allem ist es für mich eine Herausforderung die Geschäftsbedingungen aufmerksam zu lesen, denn es gibt Passagen, die nicht unbedingt zu akzeptieren sind. Aber wenn ich begeistert starten will, wie auch andere Menschen es tun, möchte ich sofort loslegen und bringe dem Unternehmen vielleicht in dem Moment zu viel Vertrauen entgegen. Dieses Verhalten öffnet neuen Unternehmen Chancen mit Geschäftsmodellen zu starten, die offensichtlich auf Abzocke aus sind und das explodierende Wachstum dieser Branche für ihre Zwecke nutzen wollen und somit in Misskredit bringen. Höhere Positionen im Unternehmen sind nicht selten zu erkaufen. Die Masse der sich anschließenden Menschen werden verschlissen oder verbrannt, das Potenzial nicht wirklich genutzt.

Unternehmen im Allgemeinen haben die besten Rechtsberater und sichern sich für jeden erdenklichen Fall besonders gut ab, auch zum Vorteil und zur Sicherheit für uns Vertriebspartner. Aber im Falle eines Vergehens, eines Verstoßes gegen die vorgegebenen Regeln und Pflichten von Seiten der Teampartner kann sofort mit „Kanonen auf Spatzen" geschossen werden.

Nichtwissen schützt nicht vor Strafe. So ist es im wirklichen Leben. Es kommt dann zu Abmahnungen, Vertragsstrafen, einstweiligen Verfügungen, Ausschluss aus dem Unternehmen ohne Abfindung. Und Anwaltskanzleien verdienen sich damit eine goldene Nase. Es gibt auch Knebelverträge, wie ich feststellen konnte, die Vertriebspartner an das Unternehmen binden sollen.

Am Anfang meines Buches sprach ich von Freiheit. Knebelverträge stehen dem entgegen. Die Deutschen machen bekanntlich alles besonders gründlich, aber auch ausländische Firmen machen Nägel mit Köpfen und greifen hart durch. Für mich ist es ein Knebel, wenn Unternehmen den Vertriebspartnern untersagen für ein weiteres Unternehmen der Branche tätig zu sein.

Als Networker ist man ein freier Unternehmer, und als freier Unternehmer muss es doch meiner Entscheidungsfreiheit unterliegen, wie ich mein gesamtes Geschäft organisiere und meine Angebote aufbaue. Der Knebel aber besagt, wenn ich für mehrere Unternehmen arbeite, dann verliere ich sämtliche Rechte an meinem bereits aufgebauten Geschäft. Das heißt: Ich habe meine Energie, mein Wissen, meine Lebenszeit eingesetzt, um ein Geschäft vorwärts zu bringen und neue Partner zu unterstützen. Das Unternehmen hat davon profitiert und dann berechtigen sie sich selbst, dieses alles zu zerstören, in der Hoffnung, aus dem von mir aufgebauten Netzwerk werden schon noch genügend Partner dabei bleiben, damit die Verluste nicht hoch ausfallen. Oder aber es gibt Vergütungspläne, die einen starken Unterbau erfordern, das heißt, wenn ich vorwärts kommen will, dann muss ich auch Menschen in bestimmten Positionen nachziehen. Fällt eine Position aus, dann adé mit dem aufgebauten Bonus. Er fällt vermindert aus, wird im schlimmsten Fall gestrichen.

Darum gilt immer wieder: Genau hinsehen, Fragen stellen und genau lesen. Geschäfte ohne Profit für den Vertriebspartner nützen nur den Unternehmen. Aus Anträgen für Vorteilskunden werden, wenn es Probleme zwischen den Vertragspartnern gibt, schnell Verträge mit krassen Paragraphen.

Leider gibt es Unternehmen, die ihre Partner nicht darin schulen, AGBs zu erwähnen oder Vergütungspläne zu erklären. Viele Menschen im Laien-network verstehen gar nicht, was sie tun. Weil der Einstieg in dieses Geschäft so einfach gemacht wird, macht man ein Häkchen bei den AGBs und ist im Geschäft. Die Auswirkungen dieses Vorgehens kommen später, denn das System schlägt in der Regel mit gnadenloser Härte und uner-bittlich mit Anwälten zurück, wenn es zu Missachtungen von Vertrags-formeln kommt. Dem Vertriebspartner entstehen dann hohe Kosten. Bei Wohlwollen des Unternehmens und viel Glück, wird ihm nicht auch noch der Vertrag gekündigt. Wohl wissend für die Unternehmen, dass es sich bei Vertriebspartnern häufig um Menschen handelt, die ein wenig Geld neben-her verdienen möchten und sich kaum wehren können, da das Wissen, gute Berater und letztlich das Geld dazu fehlt.

Zweck der Übung ist es, das System zu schützen. Also hält man sich als Partner tunlichst an die vorgegebenen Grenzen des Partnerunternehmens. Es ist keine Frage von Krieg und Frieden, sondern Unternehmen wollen, dass ihre Vertragsbedingungen zum Schutz aller Beteiligten gewahrt bleiben.

Das Unternehmen, das du für dich findest, liefert dir
- eine fertige Existenz mit attraktiver Aussicht
- einen Marketingplan, der multiplikativ ist
- das Internet bietet internationale Möglichkeiten der Kommunikation und der Logistik
- Schulungssysteme werden meistens kostenlos bereit gestellt

Wir alle haben schon jede Menge schwarze Schafe getroffen auf unserem Weg durchs Leben. Aber schwarze Schafe gibt es in jedem Bereich. Wenn du dein gewähltes Konzept mit Begeisterung vertrittst, von Mensch zu Mensch versteht sich, wirst du ein begeistertes Gegenüber finden.

Mit der Zeit kann man sich zum Menschenspezialisten entwickeln, jemand, der Menschen versteht mit ihren Wünschen und Nöten, denn Menschen sind nun mal sehr vielschichtig und verschieden. Es ist eine gute Basis, ein Konzept von zuhause aus zu arbeiten und dabei erfolgreich zu werden. Gib dir diese Chance! Es macht Spaß und Glücksgefühle stellen sich ein, wenn man beruhigt in die Zukunft blicken kann. Erfolge zu haben und dabei zu sein, ist ein Gewinn. Binde alte Freunde mit ein, lerne Fremde kennen, die neue Freunde werden können.

Deine neue Lebenseinstellung im Network/ Empfehlungsmarketing, deine Begeisterung verbindet jung und alt. Verlasse dich auf dein Bauchgefühl, wenn dieses gut ist, wirst du die richtige Flughöhe für deine Vorstellungen finden, die zu einem besseren, gehaltvolleren Leben beiträgt. Mache also Kassensturz und starte in die neue nebenberufliche oder hauptberufliche Selbständigkeit. Die Zukunft liegt in deiner Hand, die Vergangenheit lässt sich nicht ändern, der Blick nach vorne ist angesagt.

Für die jungen, aktiven Frauen mit Führungskompetenz im Blut gibt es die Möglichkeit, ein Leader der ersten Reihe zu werden, für ein Heer von Frauen, die geführt werden wollen und müssen, auf diesem gewählten Weg. Wir haben es mit einem Laiennetzwerk zu tun, wo jeder die Möglichkeit hat sich zu qualifizieren, aber nur, wenn auch die richtigen Wege beschritten werden. Dafür werden die entsprechenden Leader benötigt, die in der Lage sind kaufmännisches Wissen, Produktwissen und Präsentation, Sicherheit, Emotionen, Motivation und Optimismus zu vermitteln. Dass du den Wunsch hast, ein Team verantwortungsvoll und zielgerichtet zu führen, dass du die Marktchancen im Network Marketing erkennst und nutzt, ist Voraussetzung für eine Karriere in diesem neuen Wirtschaftssystem. Es gibt viele Menschen, die schon mehr erreicht haben, als du dir vorstellen kannst, und sie werden dir auf deinem Weg zur Seite stehen und dich unterstützen.

## Die Reiskörner und das Schachbrett

Die „Macht der Duplikation" ist das Zauberwort. Wenn sich etwas dupliziert, dann wächst es. Mich fasziniert, wenn ich zehn Stunden aktiv bin und zehn Partner/innen habe, die das Gleiche tun, dann werden 10x10 Stunden gearbeitet und verdient. Fazit: Der Profit kann an alle verteilt werden, der aus hundert Stunden Arbeit entsteht. Wer alleine arbeitet addiert, wer gemeinsam arbeitet, multipliziert. Man kennt es auch als Hebelwirkung. Dieses Prinzip kann heute international angewendet werden, dank der Kommunikationsmöglichkeiten, die uns in dieser Zeit zur

Verfügung stehen und das vierundzwanzig Stunden rund um den Erdball. Denn, wenn wir schlafen gehen, stehen andere Menschen auf. Duplikation ist etwas, was sich schwierig begreifen lässt. Addition dagegen weiß jeder einzuordnen. Mit Duplikation habe ich die Chance einmal etwas aufzubauen, was mir Geld durch ein passives Einkommen einbringt. Durch die Gemeinschaft des Teams wird auch dann Umsatz und Einkommen generiert, auch, wenn ich einmal nicht arbeiten kann, wegen Krankheit oder, weil ich mal ein paar Monate eine Auszeit in Anspruch nehme.

Kennst du die alte, persische Geschichte von den Reiskörnern und dem Schachbrett? Wie immer fängt es an mit: „Es war einmal ..."

Der König bekam zum Zeitvertreib von einem Untertan ein Schachbrett geschenkt. Der kluge Mann brachte dem Maharadscha Schach spielen bei. Dieser war von dem Spiel so begeistert, dass er sich großzügig zeigen wollte und einen Wunsch gewährte.

Der kluge Mann bat darum, ein Schachbrett mit Reiskörnern zu füllen. Und zwar in der Weise, die du sicher kennst: Auf das erste Feld sollte 1 Reiskorn gelegt werden. Auf das zweite Feld 2 Reiskörner. Auf das dritte Feld 4 Reiskörner und so weiter. Auf jedem Feld mussten doppelt so viele Körner platziert werden, wie auf dem vorhergehenden. So weit, so gut.

Als der Maharadscha, der erwartet hatte, dass der Untertan Gold fordert, von dem Wunsch hörte, lachte er insgeheim. Doch das Lachen sollte ihm schon bald vergehen! Diener brachten einen Sack herbei und begannen, jedes Feld des Schachbretts zu füllen, wie es ihnen vorgegeben war. Schon auf das zehnte Feld mussten dem Untertan 512 Körner gelegt werden. Für das vierundsechzigste Feld aber stellten die Diener fest, würde der Vorrat an Reis nicht ausreichen. Da erfuhr König vom Rechenmeister des Hofes zu seiner Überraschung, dass die Kalkulation der Reiskörner noch nicht abgeschlossen sei. Als die Berechnung einige Zeit später endlich vorlag, fiel der Maharadscha aus allen Wolken. Der Rechenmeister ließ ihn wissen: „So viele Reiskörner, wie sie dem Mann zustehen, gibt es im ganzen Reich nicht."

In der Tat: Wenn du auf einem Schachbrett die Zahl der Reiskörner mit jedem der 64 Felder verdoppelst, ergibt sich eine unfassbare Summe: 18.446.744.073.709.551.615 Körner.

Nochmal zum Lernen: Die Macht der Duplikation

Wenn du 1 Cent über einen Monat pro Tag verdoppelt würdest …

0,01 €
1. Tag 0,02 €
2. Tag 0,04 €
3. Tag 0,08 €
4. Tag 0,16 €
5. Tag 0,32 €
6. Tag  0,64 €
7. Tag 1,28 €
8. Tag 2,56 €
9. Tag 5,12 €
10. Tag 10,24 €
11. Tag 20,48 €
12. Tag 40,96 €
13. Tag 81,92 €
14. Tag 163,84 €
15. Tag 327,68 €
16. Tag 655,36 €
17. Tag 1.310,72 €
18. Tag 2.621,44 €
19. Tag 5.242,88 €
20. Tag 10.485,76 €
21. Tag 20.971,52 €
22. Tag 41.943,04 €
23. Tag 83.886,08 €
24. Tag 167.772,16 €
25. Tag 335.544,32 €
26. Tag 671.088,64 €
27. Tag 1.342.177,28 €
28. Tag 2.684.354,56 €
29. Tag 5.368.109,12 €
30. Tag 10.737.418,24 €
**31. Tag 21.474.836,48 €**

**Was bedeutet das für dich?**
Diese Geschichte ist für unser Hirn kaum nach vollziehbar. Man nennt es: Die Macht der Duplikation. Die Hebelwirkung der Duplikation entsteht, wenn ich durch eigene Arbeit Filialen=Partner aufbaue, im besten Fall mit

einem international engagierten Unternehmen, das rund um den Globus arbeitet und mir die Möglichkeit gibt, auch dort Partner ins Geschäft zu bringen, sodass vierundzwanzig Stunden am Tag gearbeitet werden kann. Kontakte, Termine und Abschlüsse entstehen, auch wenn ich nicht im Einsatz bin oder gerade schlafe, weil es in Deutschland dunkel ist, während an anderen Orten der Welt die Sonne scheint, die Uhr eine andere Zeit anzeigt und die Menschen dort aktiv sind. Genial, oder?

Die Kommunikationsmöglichkeiten übers Internet machen es möglich. Welch eine positive Entwicklung, nutzbar für Jedermann/frau.

Im Kleinen gedacht sieht Duplikation wie folgend aus:

| 2 | 3 | 5 |
|----|-----|-----|
| 4 | 9 | 25 |
| 8 | 27 | 125 |
| 16 | 82 | 625 |
| 32 | 120 | 780 |

Am Ergebnis erkennst du, was da passiert.

Das heißt: wenn zwei Leute das Gleiche tun, nämlich zwei neue Partner ins Konzept empfehlen, dann ergibt sich durch Duplikation ein anderes Bild, als wenn fünf Leute aktiv werden. Das daraus resultierende Ergebnis ist beeindruckend.

Stellt sich für mich die Frage: Was muss ich tun und was habe ich davon? Einfache Antwort: Fünf Partner und fünf Kunden finden, die das Gleiche tun wie ich. Ich war vorbereitet auf das Glück der Chance und habe einen guten Sponsor gefunden. Ich lernte meine Fähigkeiten zu erkennen, zu sehen und zu nutzen.

| | Du begeisterst im 1. Monat Personen | Du begeisterst im 2. Monat Personen | Du begeisterst im 3. Monat Personen | Du begeisterst im 4. Monat Personen | Du begeisterst im 5. Monat Personen | Du begeisterst im 6. Monat Personen | Du begeisterst im 7. Monat Personen | Du begeisterst im 8. Monat Personen | Du begeisterst im 9. Monat Personen | Du begeisterst im 10. Monat Personen | Du begeisterst im 11. Monat Personen | Du begeisterst im 12. Monat Personen |
|---|---|---|---|---|---|---|---|---|---|---|---|---|
| | 1 | 1 | 1 | 1 | 1 | 1 | 1 | 1 | 1 | 1 | 1 | 1 |
| 1. Ebene | 1 | 2 | 3 | 4 | 5 | 6 | 7 | 8 | 9 | 10 | 11 | 12 |
| 2. Ebene | | 1 | 3 | 6 | 10 | 15 | 21 | 28 | 36 | 45 | 55 | 66 |
| 3. Ebene | | | 1 | 4 | 10 | 20 | 35 | 56 | 84 | 120 | 165 | 220 |
| 4. Ebene | | | | 1 | 5 | 15 | 35 | 70 | 126 | 210 | 330 | 495 |
| 5. Ebene | | | | | 1 | 6 | 21 | 56 | 126 | 252 | 462 | 792 |
| 6. Ebene | | | | | | 1 | 7 | 28 | 84 | 210 | 462 | 924 |
| 7. Ebene | | | | | | | 1 | 8 | 36 | 120 | 330 | 792 |
| 8. Ebene | | | | | | | | 1 | 9 | 45 | 165 | 495 |
| 9. Ebene | | | | | | | | | 1 | 10 | 55 | 220 |
| 10. Ebene | | | | | | | | | | 1 | 11 | 66 |
| 11. Ebene | | | | | | | | | | | 1 | 12 |
| 12. Ebene | | | | | | | | | | | | 1 |
| **Gesamt:** | 1 | 3 | 7 | 15 | 31 | 63 | 127 | 255 | 511 | 1023 | 2047 | 4095 |

Beispiel Duplikation 1+12

Kennst du die *Zeit-Geld-Falle?*

Die meisten unserer Mitmenschen haben ein Sägezahneinkommen. Sie tauschen Zeit gegen Geld. No work, no money!

Ein Beispiel: Du investierst deine Zeit in die Interessen deines Unternehmens, bei dem du angestellt bist, vierzig Stunden oder mehr pro Woche deines Lebens. Dafür zahlt man dir ein verhandeltes Gehalt ... nach erbrachter Arbeit, versteht sich. Zweite Möglichkeit: Du bist freiberuflich tätig, erhältst einen Auftrag und arbeitest ihn für einen vereinbarten Preis ab.

Seit Jahren sinken die Nettolöhne. Seit Jahren findet ein Preiskampf um Aufträge bei Freiberuflern statt. Seit Jahren dagegen steigen die Kosten und Verluste (Energie, Euroumstellung, Versicherungen, Lebenshaltung ...). Das Leben wird enger. Wir begraben unsere Träume und machen zwei wesentliche Fehler:

*Fehler Nr. 1:* Wir reduzieren unsere Wünsche, verzichten auf Urlaub, gehen nicht mehr aus. Wir versuchen einfach nur durchzukommen. Wir passen unser Leben unserem Einkommen an.

*Fehler Nr. 2:* Wir nehmen eine zusätzliche Sägezahn-Arbeit auf. Diese funktioniert nach dem gleichen Prinzip. Erst Zeit, dann Geld! Keine Zeit, kein Geld!

Im Normalfall machen wir eine Berufsausbildung, als Lehre drei Jahre in einem Betrieb. Danach bekommen wir, falls wir übernommen werden, ein Fixum, das sich im Laufe unseres Lebens geringfügig verändert.

Oder aber wir haben die Chance und studieren ungefähr vier bis fünf Jahre mit unbestimmtem Ausgang. Eine Investition mit besten Aussichten?

Als traditioneller Unternehmer oder auch im Franchise ist die Verantwortung groß: Hohe Investitionen, Angestellte, Lager und Raumkosten, Waren, bilden ein großes Risiko.

Und auch im Direktvertrieb tauscht man Zeit gegen Geld.

Ist man krank oder kann mal nicht arbeiten, dann gibt es auch kein Einkommen. Was bleibt ist Hartz4 oder das Sozialamt.

Network-/Empfehlungsmarketing bringt einige Vorteile auf einen Blick mit sich:

- Selbständigkeit ohne Risiko.
- geringe Investition
- keine Lager- und Warenkosten

- keine Personalverpflichtungen
- für jeden die Chance und Perspektive sich ein passives Einkommen aufzubauen, was auch kommt, wenn man mal nicht arbeiten kann, krank oder im Urlaub ist
- alle Beteiligten haben die gleiche Ausgangsposition für einen Aufstieg und eine gesicherte Existenz

*Und wer profitiert davon?*
- mein Partnerunternehmen
- meine Upline und mein Sponsor
- ICH
- meine Downline
- meine Kunden
- und natürlich auch die Steuerbehörde

Zu Anfang dieses Buches habe ich über die Freiheit geschrieben: „Ein freier Mensch."

Aus meiner Sicht bin ich frei, wenn ich nicht von Ämtern, Banken, Sozialhilfe, Almosen und auch Krankheit abhängig bin. Das nennt man Unabhängigkeit! Eines der besten Gefühle, die mich tragen. Ich denke, es dreht sich um das Geheimnis: Es ist für uns alle mehr als genug da! Wir brauchen mehr Solidarität und Konzentration auf die guten Dinge. Die Energiespeicher sollten gefüllt werden oder sein, dann ist alles möglich.

Und wenn es keinen Spaß macht, dann lass es sein, vielleicht willst du diese Chance nicht.

Was macht einen guten Networker aus dir? Welche Eigenschaften solltest du zur Umsetzung von neuen Wegen einsetzen?

Als einsamer Wolf hat man es zugegebener Maßen schwer.

Ich empfehle, du solltest:
- Menschen mögen und kontaktfreudig sein
- offen sein für neue Wege
- flexibel im Denken und in der Umsetzung von Zielen sein
- Seminare besuchen
- teilhaben an Firmenevents
- persönliche Weiterentwicklung im Auge behalten
- Bücher zum Thema lesen, Webinare besuchen

- eine Lebensplanung und Visionstafeln haben
- allgemein interessiert sein an den Themen des Lebens
- an deinem Selbstwert arbeiten
- gepflegt erscheinen
- dir Wissen über dein Unternehmen, die Produkte und die Geschäftsmöglichkeit aneignen
- Freude haben am TUN
- deine Aufgabe ernst nehmen, dein Anliegen ist wichtig
- dich und andere motivieren können
- dich nicht mit Vorhaben aufhalten, sondern deine Träume realisieren, bedenke – nicht die Großen fressen die Kleinen, sondern die Schnellen fressen die Langsamen
- Begeisterung, Leidenschaft und Schaffenskraft mitbringen
- das Telefon zu deinem Freund machen

In Seminaren höre ich oft, ich muss verkaufen, sponsern, ausbilden, führen. Hat das wirklich optimale Erfolge?

Ich denke, im Geschäft mit Menschen sollte man lernen überzeugend zu kommunizieren! Kommunikation ist der Austausch von Information und die konstruktive Unterhaltung mit Menschen. Es ist ein Beziehungs-geschäft, eine Nabelschnur des Vertrauens.

## Gemeinsam sind wir stark

Der Network-Gedanke ist meiner Meinung nach genial. Es wird über die Gemeinschaft für die Unternehmen sehr viel Umsatz generiert. Es wird auch an die Vertriebspartner sehr viel Geld als Verdienst ausgeschüttet.

Die Unternehmen, die ich kennengelernt habe, nutzen den Network-Gedanken, um sich sozial im Weltgeschehen zu engagieren. Ein Mensch alleine bewirkt nichts, die Gemeinschaft der Menschen sehr viel. Einige Unternehmen bauen mit Hilfe der Vertriebspartner eigene Hilfsprojekte auf. Mein Partnerunternehmen unterstützt Hunderte von Patenkindern in der dritten Welt und hat auch jüngst bei dem Atomvorfall in Japan mit Produkten viele Menschen gesundheitsfördernd versorgt. Ein Prinz, Bruder des Kaisers von Japan, kam nach Frankfurt geflogen, um sich im Namen des Kaisers bei einem Firmenevent bei allen zum Unternehmen dazu gehörigen Menschen zu bedanken. Welch eine Aktion! Das alles ist möglich, da von jedem ausgelieferten Produkt ein kleiner Teil als Spende zur Verfügung gestellt wird.

Ein anderes Unternehmen hat einen Kartoffelbrei mit Vitaminen und Mineralien angereichert und bringt es in eingeschweißten Portionen zu den hungernden Menschen. Das ist möglich, weil Teampartner weltweit diese Beutel kostengünstig bestellen und spenden können. Ein kleiner Einsatz mit großer Wirkung.

Nach dem Tsunami 2004 haben sich Networker in einem Verein NFH (www.nfh-ev.de) zusammengefunden, um den Betroffenen mit finanzieller Unterstützung entgegen zu kommen und der Welt wieder einen Teil zurück zu geben, vom eigenen Erfolg und Glück. Diese Organisation setzt sich mit Hilfe vieler Networker, die sich angeschlossen haben, für besonders unterstützungswürdige kleinere Organisationen in der ganzen Welt ein. Wie man sieht, wirkt sich der Network-Gedanke positiv aus und bewirkt Großartiges auf dem Weg, den Schwachen und Benachteiligten unter die Arme zu greifen und dabei Nachhaltiges zu bewirken. Es macht Freude, ein Teil dieser Branche zu sein!

Ganz wichtig für die Menschen, die den Wert dieser Geschäftsmöglichkeit erkannt haben: „Behalte es nicht für dich! Gib die Information weiter!"

Hast du dich schon einmal gefragt: „Lebe ich um zu arbeiten oder arbeite ich, um zu leben?"

Wenn man sich erinnert, wird man darauf kommen, dass zu einem stabilen Leben ein paar grundlegende Dinge von Nöten sind:

- Finanzen, die Sicherheit bieten
- Gesundheit, die stabil ist
- Beziehung, die Energie gibt
- Familie, zum Kraft schöpfen
- DU, als aktiver, zufriedener Mensch

Zwei Drittel unserer Lebenszeit werden im Beruf verbracht. Sollte diese Lebenszeit nicht sinnvoll mit Freude angelegt sein?

Viele Menschen haben aus unterschiedlichen Gründen bereits die innere Kündigung in ihrem normalen Job vollzogen. Eine ungesunde Situation! Mit der inneren Kündigung, sich zur Arbeit quälen, null Bock Motivation, schlechter Bezahlung ist diese Zeit verschenkt und das bedeutet, ein unfreies Leben zu leben.

Oft ist es nicht die Überforderung, sondern Menschen leiden besonders unter Unterforderung und der alltäglichen Veränderung der Arbeitsbedingungen. Damit ist aber auch sämtliche Energie blockiert, es kommt zu gesundheitlichen Problemen und die Psyche macht schlapp.

Die Network-Branche mit ihrem Motivationsschub kann eine alternative oder ergänzende Möglichkeit darstellen, sich zu regenerieren, weil man in ein positives Team eingegliedert wird, wo alle am gleichen Strang ziehen. Das macht Mut, gibt Kraft und neuen Elan. Vielleicht willst du einmal hinein schnuppern in diese Welt des Network Marketing. Eine boomende Branche der fast unbegrenzten Möglichkeiten, die so vielen Menschen, die interessiert sind, die Möglichkeit gegeben hat, sich gesundheitlich und finanziell zu verbessern. Ein Gespräch, ein Besuch einer Informationsveranstaltung ist allzeit ohne Verpflichtung, aber immer auch eine gute Möglichkeit sich weiter zu entwickeln. Bisweilen stelle ich fest, dass Erfolg kurzfristig gesehen überschätzt wird, langfristig gesehen, eher unterschätzt wird.

Was habe ich ein paar Seiten vorher geschrieben:

„Wissen bringt Vorsprung!"

Ich danke für die produktive Zeit, die ich bis zum heutigen Tag in dieser faszinierenden, lebendigen, internationalen Branche, Network Marketing und Empfehlungsmarketing, erleben durfte. Meine positiven Eindrücke überwiegen. Ich danke für die vielen tollen Menschen, die mich begleitet und gefördert haben, für alle, die ich neu kennenlernen durfte. Ich danke für die Menschen, die mir geholfen haben negative Ergebnisse in positive Energie zu wandeln. Auch lernen zu dürfen: Nur eine Sache ist verloren, nämlich die, die man selbst aufgibt.

Danke für die Erfahrungen, die guten und die weniger guten, aus denen ich lernen durfte. Für die Coaches, die mir ihr Wissen vermittelt haben und die Motivation, die mir von anderen Menschen und Partnern gegeben wurde. Danke für die Eingebung dieses kleine Buch zu schreiben, was hoffentlich in dir etwas aufgeräumt hat, diese aufstrebende Branche betreffend.

Sollte es dir keine Anregungen gegeben oder du ganz andere Erfahrungen gesammelt haben, falls du schon mal in dieses lebendige Business hinein geschnuppert hast, dann bitte ich dich: Schreibe doch auch ein kleines Buch mit deinen Erfahrungen.

Auf dem Weg an die Spitze habe ich gemerkt, dass es Hunderte von Wegen gibt, um das Ziel zu erreichen. Ich will keine Ratschläge zum Reichwerden vermitteln, sondern einen Fingerzeig in die Richtung für deine berufliche Unabhängigkeit geben.

*Network Marketing hat einen entscheidenden Vorteil:*
*Die Investitionssummen für die Existenzgründung sind in der Regel*
*Bagatellbeträge. Das Risiko ist geringst, die Chancen überwältigend – wenn*
*Sie bereit sind, Ihre Arbeitskraft wirklich einzubringen.*
*(Karl Pilsl)*

Vielleicht bekommst du schon bald von einem Menschen einen Anruf, welcher sich dieser boomenden Branche angeschlossen hat und der dir sein Unternehmen vorstellen und dir seine „Network-Welt" zeigen möchte. Dann bist du sicher schon in Gedanken sortiert und offen für die Information, die möglicherweise dein Leben zukünftig positiv beeinflussen kann.

Ich habe schon viel erreicht und noch viel mehr vor. Ich gebe an die Menschen die Botschaften weiter, die mir wichtig sind. Der richtige Weg zeigt sich oft erst, wenn wir den ersten Schritt gewagt und unseren Blickwinkel verändert haben, in eine Richtung, die uns noch unbekannt vorkommt. Wenn du in diesem Business starten willst, dann gib dir und deinem Geschäft Zeit sich zu entwickeln und gebe niemals auf!

*Man muss nach den Sternen greifen, um die Wolken zu erreichen.*
*(Wim Thoelke)*

## Gewinnen beginnt mit beginnen

Verändere dein Leben – vielleicht im Wachstumsmarkt Nr. 1.
Mache mehr aus deinen Potenzialen und mehr Geld.
Wie wird dieses/dein Jahr in einem der Top Network Unternehmen?
Ein paar Beispiele weltweit agierender, erfolgreicher Unternehmen habe ich auf der nächsten Seite zusammengestellt. Weitere findest du im Internet.

| Unternehmen | Umsatz | Produkt | Mitglieder | Erfolgs/Verdienstaussicht | Bewertung |
|---|---|---|---|---|---|
| AVON Products | 10,9 Milliarden | Schmuck/Beauty | 6 Millionen Frauen | Direktvertrieb, attraktiv | Anerkennung, Trainings Unterstützung |
| Amway 1959 Vorreiter für MLM in Europa | 9,2 Milliarden | Ernährung Beauty Haushaltswaren | 450.000 w/m | Direktvertrieb | faires Unternehmen Ausbildung Unterstüzung |
| Vorwerk &CoKG Gründung 1883 | 2,9 Milliarden | Haushaltsgeräte | 610.000 w/m | Direktvertrieb, attraktiv | Anerkennung Trainings Unterstützung |
| Tupperware BrandsCorp. | 2,3 Milliarden | Haushaltswaren Kunststoff | 2,8 Millionen | Direktvertrieb, attraktiv | Anerkennung Trainings Unterstützung |
| Forever Living Products Gründung 1978 | 2 Milliarden | Gesundheitsprodukte Beauty ALOE VERA höchste Reinheit | 9,5 Millionen | MLM, Auslieferungssystem Start ca.200 € | innovativ Anerkennung kein Risiko freie Zeiteinteilung kostenfreie Seminare Persönlichkeitsbildung Unterstützung IncentivReisen KFZ Unternehmen des Jahres |

| Unternehmen | Umsatz | Produkt | Mitglieder | Erfolgs/Verdienstaussicht | Bewertung |
| --- | --- | --- | --- | --- | --- |
| Party Lite Gründung 1973 | 545 Millionen | Kerzen | 68.000 Frauen | Direktvertrieb | Faire Vertriebsleitung |
| PM International AG Gründung 1993 | 217 Millionen | Nahrungsoptimierung Beauty Sport höchste Reinheit GMP | ? | MLM/Direktvertrieb Auslieferungssystem Passiv Einkommen möglich Teamaufbau international kein Risiko kein Kapitaleinsatz Start 99 € | TOP100 Unternehmen viele Patente Kölner Liste Swiss Vitamin Lausanne Incentive Reisen KFZ Altersversorgung Sozial aktiv |
| Life Plus seit 20 Jahren aktiv | ? | gesundheitliche Prävention Obst/Gemüse aus Dosen | 1 Million w/m | MLM Passiv Einkommen Teamaufbau International Kein Risiko Start 60 € | Incentive Reisen Anerkennung Persönlichkeitsbildung innovativ sozial aktiv Ethisches Unternehmen |
| NLFY New Life For You Seit 2012 aktiv | unbekannt | 1. privates Rentensystem Lagerung Hochsicherheitstrakt Physisch Edelmetall hinterlegt | unbekannt | passives Einkommen nationaler Teamaufbau Edelmetall PIN Start bei 0 € möglich- je nach Stufe zu steigern | neues Unternehmen innovativ 4 Unternehmensgründer 120 Jahre Erfahrung |

## *Deine Notizen*

***Deine Notizen***

www.chiara-ponti.de

Seminarangebote und Informationen erhalten Sie unter
mail@chiara-ponti.de

# Die Autorin

**Chiara Ponti** wurde 1951 in der damaligen DDR geboren, wuchs dann in Hamburg auf.

Weitere Stationen ihres Lebens waren Braunschweig, das Oldenburger Land, Baden-Württemberg und Mittelhessen.

Sie war über 30 Jahre in der Industrie und im Handel tätig und war kaufmännische Geschäftsführerin eines Börsenverlags. Zehn Jahre hat sie Erfahrungen in der Network / Empfehlungsmarketing Branche sammeln dürfen.

Die Mutter eines Sohnes hat bereits vor Jahren „Erotische Geschichten für Frauen" und 2013 den Roman „Ein Leben entfernt von dir" veröffentlicht.

ISBN 978-3-89950-772-0
www.edition-fischer.com
www.chiara-ponti.de

# Bücher zum Thema

Byrne, Rhonda: „The Secret", Goldmann Arkana

Clason, George S.: „Der reichste Mann von Babylon", Mosaik bei Goldmann

Csikszentmihalyi, M.: „FLOW- der Weg zum Glück", Herder

Ferriss, Timothy: „Die 4-Stunden Woche", Ullstein

Gage, Randy: „Nehmen Sie ihren Reichtum an", MLM Trainung.com

Gmeiner, Alois: „No-Budget-Marketing: Die besten Werbemittel für leere Kassen", Redline

Gunkel, Klaus: „Ein freier Mensch", Gunkel Consulting

Hill, Napoleon: „Denke nach und werde reich", Ariston

Höller, Jürgen: „Vitamine für die Seele", Höller

Hörtenhuber/Wolf: „Sonnenstrahlen für unser Herz", Verlag OUPS

Inamori, Kazuo: „Erfolg aus Leidenschaft", Signum Busines

Jakob, Dirk: „Tu dir was Gutes!", Horizonte Training & Consulting GMBG

Münchhausen, Marco von: „So zähmen Sie Ihren inneren Schweinehund", PIPER

Nötges, Heinz-Josef: „Anleitung zum Misserfolg", Deutscher Fachverlag

Pilsl, Karl: „Wirtschaftsrevolution. Die Natur - Das Vorbild von Network Marketing ", CD, Verlag Gute Nachricht

Rantzau, Hans-Georg v.: „Und ewig glänzt das Gold…", Günther Luitz

Robbins, Antony: „Das Prinzip des geistigen Erfolgs", Ullstein

Rupp, Nicole: „Haben kommt von Sein", Books on Demand

Schäfer, Bodo: „Der Weg zur finanziellen Freiheit", DTV

Schäfer, Bodo: „Die Gesetze der Gewinner", DTV

Schäfer, Bodo: „K(l)eine Rente … na und?", FinanzBuch Verlag

Schirrmacher, Frank: „Das Methusalem –Komplott", Blessing

Steiner, Gabi: „Von Mensch zu Mensch", Weckel Media

Stielau-Pallas: „Ab heute erfolgreich", Ebner & Spiegel

Stovall, Jim: „Ultimative Produktivität", entfalt Media

Strachowitz, Michael: „Das alltägliche Gift", Printec Business

Strelecky, John: „The big five for life", DTV

Trump, Donald J.: „Wie man reich wird", FinanzBuch Verlag

Wattles, Wallace D.: „Die Wissenschaft des REICH werdens", Nikol

Witaseck, Dr. med. Alex: „Der neue Reichtum Gesundheit", ORAC

Zacharias, Prof. Michael M.: „Beruf und Berufung. Heute schon an morgen
    denken", Edition Erfolg Verlag

**DIE ZUKUNFT IM BLICK.**
Jenseits von Armut, Arbeitslosigkeit, Alkoholismus und AIDS.
steps for children engagiert sich für hilfebedürftige Kinder in Namibia.
Gesunde Ernährung + bessere Bildungschancen = Hilfe zur
Selbsthilfe.
**Schritt für Schritt für eine bessere Zukunft – mit steps for
children.**
Helfen Sie mit:
**Stiftung steps for children
Hamburger Sparkasse
IBAN: DE44 2005 0550 1238 1497 26**

**BIC: HASPDEHHXXX** steps for children

InteGREATer nimmt weiter Fahrt auf ...

InteGREATer e.V. - Wir nehmen Integration persönlich.

Twitter: @InteGREATer_e_V | FB: facebook.com/InteGREATer |
Web: integreater.de